慈善事业发展丛书

港澳台地区慈善事业概览

闫 晶 著

GANGAOTAI DIQU
CISHAN SHIYE GAILAN

中国社会出版社
国家一级出版社 全国百佳图书出版单位

编委会名单

序

现代社会分别由政府、市场、社会组织三个方面构成。三个方面彼此联系，协同合作：政府是第一部门，以公共利益为导向，通过行政机制提供公共物品；市场是第二部门，以利润为导向，通过市场调节的方式提供商品；社会组织是第三部门，以公共利益为导向，通过志愿、自治的方式提供社会服务，推动社会改革。

慈善事业通常属于第三部门。慈善是指个人、组织在时间、善款或服务方面的自愿捐献。慈善的功用在于通过自愿捐赠、志愿服务等方式实现财富的转移，弥补第一次和第二次收入分配的不足，缩小社会的贫富差异，促进社会的稳定。因此，人们通常也将慈善视为国民收入的“第三次分配”。

公共产品理论认为，由于公共产品是非竞争性的、非排他的，不可避免地存在着“搭便车”的行为，公共产品的供给存在着严重的“市场失灵”。因此，政府便成为公共产品的提供者。然而，虽然公共产品和公共服务的属性特点决定了应该由政府承担某种供应责任，但这并不代表必须由政府直接提供这些服务。公共产品理论进一步提出应当将公共产品的生产和供给明确区分开来。公共产品与公共服务的生产是将一系列投入转换为产出的技术过程，既可由私人承担，也可由公共部门来承担。公共产品的供应责任包括以下一些决策行为：需要提供什么样的产品和服务、产品和服务的数量及质量标准、如何筹措资金、如何将供应和生产连接在一起等。生产和供应的区分对于公共服务改革具有十分重要的理论意义和实践价值，它为公共产品和公共服务的多元化供给提供了理论依据。

与政府相比，慈善组织由于不受行政机制的约束，管理与运营更加灵活，可以满足公众多元化、差异化的需求，对公众需求更具回应性。与企业相比，由于慈善组织以公益为导向，不以营利为目的，因而更能保证公共产品的质量。慈善组织所具有的特性和优势使其成为公共产品和公共服务的重要生产者之一。

在西方发达国家，现代公益慈善事业是政府、市场与公民社会三者分离之后再度密切合作的结果。随着慈善事业的发展及其所处环境的变化，政府的角色发生了巨大转变：由服务的提供者转变为服务的管理者；由服务的生产者转变为服务的购买者；由福利服务的规划者转变为福利服务的审查者。这一转变导致政府、市场与公民社会的边界清楚、权责清晰，三者建立起了相对平等的合作伙伴关系。慈善组织提供公共服务，政府通过直接拨款、购买服务等形式资助慈善组织，这已经成为西方发达国家的通行做法。相关数据表明，西方发达国家慈善组织的收入平均约有三分之一来自于公共部门，是由政府机构和准政府机构通过拨款和合同或报销的方式来实现的。

中国慈善事业的发展路径呈现出一种独特性。新中国成立后，经过1949～1954年的改造，政府取代原来的慈善组织成为社会资源的垄断者与提供者，原有的慈善机构变成附属于政府部门的官方或半官方机构。改革开放后，社会需求的多元化、差异化使得公共财政远远无法满足民众日益增长的需要，因而各种形式的社会组织，如行业协会、商会、学会、基金会、联谊会等纷纷成立。1981年，中国出现了第一家基金会——中国儿童少年基金会，以募集资金的形式为儿童少年教育福利事业服务。1993年，中国出现了首家地方性慈善组织——吉林省慈善总会。改革开放后的慈善组织主要是从政府部门中分化出来的，其目的是合法地吸收境外资源、民间资源用于社会公益事业。由此可见，中国改革开放后最初出现的慈善组织是直接由政府部门建立的，在一定意义上可以视为行政体系的延伸。这一独特发展路径导致政府与社会组织的边界区分不清晰，预示着慈善事业发展具有某种先天的不足，即因缺乏自发性和自主性而缺少足够的动力和应有的活力。目前，我国慈善事业的发展主要面临两个根本障碍：一是政府职能转变不彻底，政府管了许多不该管、管不了也管不好的事情，压缩了公益慈善的发展空间；二是许多本该由政府承担的职能，政府因为种种原因没有承担，影响了慈善事业的良性发育。界定并明晰政府在慈善事业发展过程中的权力边界，完善并加强政府在慈善事业发展中的应尽职能，是当前我国政府所需要着力解决的问题。明晰政府的权力边界，就需要改变政府直接办慈善的思维定式，需要通过优化政策环境、加大购买服务力度等形式间接鼓励慈善事业发展，以形成政府与慈善组织合作共赢的局面。

为了促进我国慈善事业的发展，在民政部本级福利彩票公益金资助下，我们组织编写了这套《慈善事业发展丛书》(共6本)，宗旨在于普及慈善知识，传播慈善理念，推动慈善组织建设，促进我国慈善事业的发展。

本丛书在撰写和出版过程中得到了民政部社会福利和慈善事业促进司、中国政法大学政治与公共管理学院以及中国社会出版社的大力支持和帮助。在本丛书付梓之际，丛书编委会向所有提供过支持和帮助的同志表示诚挚的谢意。

由于所涉内容广泛，加之水平有限，因此丛书中不当和疏漏之处在所难免，敬请广大读者不吝赐教。

《慈善事业发展丛书》编委会

目　录

导　论

慈善是一种理念，是人的良心与爱心的结合。慈善行为是慈善理念指引下的社会救助行为。慈善行为的经常化、组织化、规模化和制度化形成了慈善事业。因此，慈善事业是建立在社会捐助基础上的，以民间社会互助为主的社会救助行为。慈善事业的发达程度是一个国家或地区社会文明进步的重要标志，是实现社会保障的基本内容，也是构建和谐社会的基础之一。

慈善事业集中体现了政府与公民社会的互动关系。一方面，慈善事业生存与发展的经济基础是社会捐献，这也是慈善区别于公益事业、福利事业、社会保障事业的主要方面。虽然慈善事业不排斥政府的财政援助，但是其主要经济来源还是社会各界尤其是社会成员的自愿捐献。现代慈善已逐步发展为独成事业的格局，其区别于传统慈善、个人慈善的重要特征是慈善事业绝大部分是有组织的集体行为而非单个的施舍行为。无论是教会式、家族式的慈善事业，还是社会各界的慈善捐献，都是通过专门的社会团体或机构来组织实施并承担慈善事业的具体运行。也正因此，慈善事业被定位为社会性救助事业而不是法定的社会保障事业或官办救助。另一方面，政府在慈善事业发展中的重要作用亦不容忽视。从各国的情况看，政府除了给慈善事业提供宽松的环境之外，也通常会给慈善事业提供财政支持，包括财政直接拨款、物资划拨以及给予税收豁免等特殊政策。

慈善事业在社会发展过程中的作用主要是实现社会公平、提高社会整体福利、有效缓解社会矛盾从而实现社会和谐。

一方面，慈善事业是社会自治精神的集中体现，是公民实现自我治理、自我价值的需要，是社会互信、互爱、互助的表现。慈善组织虽然接受政府监督，但是并非隶属于政府，也不依靠国家意志强制推进，而是依靠规范、道义、信仰、价值观等精神力量运作。慈善理念下的新型社会治理机制具有独特的优势，它能够通过发挥社会自身的优势来克服政府管理的困境，同时也能够弥补市场的缺陷。

另一方面，慈善事业是社会保障体系和社会公益事业的重要组成部分。慈善事业运营是实现社会财富第三次分配的方式之一。社会第一次分配不可避免地造成了社会分配的差距，在实现社会发展的同时加深了社会矛盾；第二次的分配对此进行调整，但仍难以实现全面均衡。作为第三次分配，基于社会责任和爱心原则的慈善事业在一定程度上弥补了由于前两种分配方式所带来的公平上的不足，使得社会财富和资源在不同阶层之间进行重新的流动和分配，部分消除了社会的不稳定因素。可以说，慈善事业不仅在物质上缓解了某些群体的困境，而且从心理上、情感上消除了不同阶层的隔阂或对立，从而缓解阶层之间乃至社会整体结构上的紧张，形成差异基础上的和谐。

中国具有悠久的慈善传统。在近代中国西学东渐的浪潮中，传统的慈善文化和思想体系受到中国社会的改革维新和革命的冲击。在近代中国社会性质发生巨大变化的节点，中国古代慈善文化中的乐善好施、赈灾救民、扶贫济困、尊老爱幼、苦乐共享等传统范畴被突破，慈善事业被赋予了民族复兴的历史使命，其着眼点转向整个中华民族的存亡和富强之上，在宣传和动员人民、拯救国家中产生了重要的作用。[①] 这一时期的慈善思想是西方资本主义公益慈善思想与中国传统慈善救助思想的嫁接与融合，与古代慈善相比，中国近代慈善具有鲜明的时代特征：

首先是慈善领域扩大。在内容方面，在传统的“仁爱”理念中融入了“公益”理念。在继续重视传统仁爱理念之余，以博施济民为极功，将慈善范围拓展至文化教育、医疗卫生等领域。在传统的“养”的内容之上，又增加了“教”的内容，教养兼施。除了救助贫困和弱势群体，还要发展社会公共事业，改良社会环境，去除社会不良习俗等，使全社会都受益。在地域方面，由纯地方性的狭隘区域扩大到全国，甚至走出国门，参与国际性的人道主义救援。在一系列社会慈善公益活动中，传统的善堂、善会逐渐转变为近代新型的慈善团体。

其次是民间捐款成为慈善机构经费来源的主渠道。清末十余年间，对于尚存的官办慈善机构，官币还是主要经费来源。然而，由于巨额赔款、浩繁的军费以及统治者的挥霍无度，晚清政府的财政罄尽，无以敷出。在官款减少的情况下，民间社会的捐献开始成为主要来源，义演、义卖、彩票、股票等形式陆续引入，多元化的资金来源为慈善事业的运行提供了必需的物质保障。

最后是形成了多元化的慈善机构。从组织形式上看，明末清初的慈善机构已经从过去完全隶属于政府官办的慈善机构发展演变为以独立的民间慈善团体为主体，辅之以附属于其他社会组织的慈善团体。从组织功能上看，清末民初的慈善事业出现了募捐机构、实施机构与协调机构并存的新格局。这种募集资金是与实施救济相分离的、更加专业化的分工体制，有益于进一步扩大慈善救济的范围和领域，避免了捐赠资金被

① 莫文秀、邹平、宋立英著：《中华慈善事业：思想、实践与演进》，人民出版社2010年版，第99页。

贪污挪用的弊端。

我国近代慈善事业的发展奠定了现代慈善事业的基础，这一精神在港澳台地区尤其得到了继承和发扬。在殖民地时期，三地均是出于自救，由民间力量自发开展中华传统的慈善救助，并自动引入西方的公益思想、自觉选择治本为主的救济模式。政府与民间共同承担社会服务的责任和义务。作为中华文化圈、经济圈的重要组成部分，港澳台三地虽在各自的经济基础、社会文化发展上有一定区别，但同受中华文化传统和道德思想的影响，又具有着血缘、地缘以及亲缘上的紧密联系。在慈善组织的建设和慈善事业的发展模式方面，三地既具有各自不同的发展轨迹，又共享着相同的慈善观念和相通的文化理念。本书系统介绍了港澳台地区慈善事业的沿革历史、慈善组织的主要形态、慈善项目的运营情况以及规范慈善事业健康发展的法治成果，旨在弥补我国慈善事业研究中的不足和空白，为我国慈善事业的整体发展带来有益的经验借鉴。

第一章　香港地区慈善事业的运行模式

第一节　香港地区的慈善文化与慈善事业的历史发展

一、香港地区的慈善文化

香港地区的慈善文化深受中华传统文化的影响，同时，又与其独特的经济社会发展进程紧密联系。尤其是自第二次世界大战以后，香港的市场经济发展取得了举世瞩目的成就。与香港发达市场经济发展模式相配套的是其典型的“小政府、大社会”治理模式：政府机构精而少，社会中间阶层却很大，这种社会结构为慈善事业的发展创造了空间。同时，香港具有适宜慈善事业发展的社会氛围，良好的法治使得慈善组织一直处于健康发展的轨道；自由活泼的媒体给予慈善组织积极的监督与宣传；市民的自觉公民心态和一以贯之的互助传统使得香港慈善事业成为社会事业、大众事业，社会各界普遍愿意通过结成各种非政府组织的形式来实现和维护自身权利以及关怀社会中的他人。

在良好的慈善氛围下，慈善文化已经成为香港文化的重要组成部分。包括慈善组织在内的非政府组织提供了将近 90% 的社会福利服务，这些服务涉及市民生活的每一层面，服务对象从老人、中年、青年到儿童，从妇女、残障到康复人士，极其广泛。政府与慈善组织之间保持着和谐的合作关系和伙伴关系。香港慈善组织的自主性非常高，绝大多数都是民间自发成立的。其组织的方式、宗旨和活动都不受特区政府指派，但大多都能自愿接受特区政府的指引。

二、香港地区慈善事业的沿革与发展

香港慈善事业的历史可以追溯到 18 世纪。在英国占领香港后一段非常长的历史时期，港英当局奉行“小政府”的原则，对社会福利基本上是漠不关心、放任自由的，只有由华人社会的慈善团体和教会兴办一些救济性质的福利事业。最初，这些事业主要是围绕宗族关系，由同姓、同乡、同族或同行业关系建立。19 世纪 70 年代初，华人绅商获得港英政府的支持，创办了第一个慈善机构——东华医院，随后又增设广华医院、东华医院以及一些附属机构，统称为东华三院。1878 年，针对当时拐卖妇女儿童成风的社会弊病，华人社会又成立了新的福利机构——保良局，以“保赤安良”为已任，旨在遏制拐卖妇孺、逼良为娼以及收养街头弃婴等。

除了华人社会兴办的慈善机构外，宗教慈善机构也是香港地区早期慈善事业的主体。早在 1860 年，天主教和基督教会开始在香港举办保护妇女和收养儿童的福利机构。19 世纪末 20 世纪初，又创办了一些为老年人及伤残人士服务的机构，如广荫老人院、心光盲人院、香港聋人学校等。到了 20 世纪 30 年代，教会办的慈善机构更多，比如宝血孤儿院、香港保护儿童会、圣道孤儿院等，还有基督教救世军举办的一批为老人、孤儿、弱能人士服务的福利机构。

第二次世界大战中，香港经历了战火蹂躏。大量难民从中国内地涌入，救济工作刻不容缓。香港的慈善机构开始为难民提供援助，这一援助同时还获得了海外慈善机构和慈善资金的支持。之后，随着社会环境的逐渐稳定，慈善机构与其他社会服务机构一起，开展了大量的建设性工作，帮助市民自力更生。

到了 20 世纪 60 年代，香港经济逐渐恢复生机，市民对物质救济的需求减少。慈善机构从社会整体的服务转向了以特殊需求人群为重点的服务。此时，海外各界对港的资金支持日渐减少，香港慈善事业的运行更多地依赖香港本地。作为慈善机构集中筹款的先试，香港公益金在这一阶段成立。

20 世纪 70 年代，香港经济蓬勃发展，政府有更多的财力用于增加社会福利的开支。慈善组织也从“孤军奋战”开始转向与政府配合，并逐步建立起多元化、伙伴式的社会福利供给模式。这一阶段慈善事业发展的标志是政府与社会服务联合会及其会员机构首次协作，制定了社会福利白皮书，奠定了慈善机构与政府在策划及检讨社会福利发展方面的伙伴关系。

经过几十年的积累和历练，香港慈善事业的发展在 20 世纪 80 年代进入了成熟期。以社会慈善组织为主提供的社会服务和社会福利不仅得到了社会的认可，也获得了政治地位。在 20 世纪 90 年代的香港政制改革中，社会服务功能团体首次在立法局获得一位议席，又被委派代表加入基本法咨询委员会，并参与政府多个其他类别的咨询委员会。这样，社会服务机构和慈善组织开始直接参与社会福利和社会政策的制定。

21 世纪至今是香港慈善事业发展的新阶段。这一阶段，香港慈善事业拥有了更加专业和多元的服务系统，接近或已经达到了世界水平。最新的改革方向是在讲求成本效益、公开问责的原则下，引入服务素质监察系统、资助及服务协议、整笔拨款模式等新的服务机制，以应对新的社会问题和挑战。

第二节　香港地区的慈善组织

一、香港地区慈善组织的设立

（一）慈善组织的认定

在香港，并非所有的“志愿组织”或者“非营利组织”都是慈善组织。对于慈善组织的界定，主要依据香港《税务条例》[①] 的规定。按照该条例，任何机构或者信托团体如果要成为慈善团体，必须纯粹是“为法理上承认的慈善用途而设立”。由于香港适用普通法系传统，在司法实践中，界定慈善团体法律特质的法理依据，都是参照香港法院的过往判决发展而来的。

根据过往的法例以及香港税务局的管理，得到普遍援用的是麦纳顿勋爵（Lord MacNaghten）在 I T Special Commissioners v. Pemsel（3 TC 53）一案判决中的意见，将救助贫困、促进教育、推广宗教以及其他有益于社会而具有慈善性质的宗旨的组织，认定为慈善组织。[②]

过往法例同时强调，慈善组织还必须是为公共利益而设立。即除非一项用途是旨在使社会全部或相当大部分人士获得利益，否则该项用途不属于慈善性质。换句话说，一个基本上是为指定人士的利益而成立的团体，就不能被认为是慈善团体。不过，怎样才构成社会上“相当大

① 香港法例第 112 章。
② 香港税务局网站 http：//www. ird. gov. hk/chs/tax/ach_ tgc. htm。

部分人士”，并没有确定的标准，难以明确界定，所以实践中对于慈善组织是否成立的具体判定还要结合每个个案本身的情况予以考虑。

（二）慈善组织的注册

在香港，慈善组织可以根据不同法规、选择不同的方式登记注册。一般而言，可选的主要包括以下六种形式：

1. 担保有限公司

根据《公司条例》[①] 规定，民间组织可选择注册成为“担保有限公司”。这一过程通常比较烦琐和昂贵。因为公司登记要件相对复杂，程序严谨，例如，必须有登记地址、必须举行周年大会、每年须经独立核数师审计账目并将审计报告交公司注册处，等等。但由于该条例对董事所履行的责任有明确的界定，且是获得税务局登记为税务豁免的慈善组织所必需的法律架构，因此较大和较为成熟的民间组织多以此种方式注册。

2. 社团

根据香港《社团条例》[②] 规定，“任何会社、公司、一人以上的合伙或组织，不论性质或宗旨为何，必须由香港警务处处长担任社团事务主任进行注册管理。”该条例订立的历史背景，主要是为了监管有组织的三合会活动。与担保有限公司相比，社团注册的程序、呈交的材料都十分便捷、简单，费用便宜。因此一般规模较小的志愿团体多选择这种方式注册。

3. 合作社

《合作社条例》[③] 是第二次世界大战后为成立农业和渔业合作社而

① 香港法例第 32 章。
② 香港法例第 151 章。
③ 香港法例第 33 章。

设立，由渔农自然护理署署长担任合作社注册官。20 世纪 50 年代以来，先后有其他行业合作社（如建筑业合作社）及少数工人合作社成立。该条例第四条规定，合作社的宗旨在于“根据合作原则改善社员之经济利益或方便合作社运作”，“合作社所负责任为有限或无限，由注册官决定”。合作社的条例、规则、章程、社员名册等，必须在注册社址公开以便查询。合作社的财政账目必须经审计及举办周年大会，合作社在进行投资、利用预留土地、坏账拨备、慈善捐款等事项前必须获得注册官批准。

4. 职工会

职工会是香港的劳工组织，致力于推动劳工权益，改善雇员生活水平，为社会弱势群体服务。根据《职工会条例》① 规定，所有职工会须经由任职经济发展及劳工事务局常任秘书长的职工会登记局局长注册管理。注册时需提交会员和工作人员的资料及经审计的账目，登记局局长负责监管确保职工会将其接收的资助用于指定范围，并举办有关职工会管理、财务、审计等相关法例课程，以提升职工会内部管理能力。1990 年，香港职工会联盟成立，至今已有超过 80 个属会，代表超过 17 万名会员。

5. 受托人法团

根据《注册受托人法团条例》②，凡具慈善性质及向公众收取善款的信托，需向公司注册处处长登记注册。该条例将“慈善目的”界定为以下内容：济贫；促进艺术、教育、学术、文学、科学或研究的发展；提供准备以治愈减轻或预防影响人类的疾病、衰弱或伤残；或提供准备以照顾患有或受困于影响人类的疾病、衰弱或伤残的人；提供准备

---

① 香港法例第 332 章。

② 香港法例第 306 章。

以教会目的；提供准备以提高社会公德及促进市民身心健康及对社会有益的其他目的。同时，条例将慈善组织界定为“为慈善目的以契据或其他方式成立的信托或组织”。

6. 法定团体

法定团体专指根据专门的法例而成立的团体。如根据《公益金条例》成立的慈善团体公益金，宗教团体如根据《香港基督教循道卫理联合教会法团条例》成立的香港基督教循道卫理联合教会，社区服务团体如明爱、圣约翰救伤队等。不同机构按照其成立所依据的条例向所属的监管机构提交报告。

（三）慈善组织的规管文书

慈善团体的设立必须有一份规范其管理活动的文书，类似章程性质。所采用文书的类别，由设立团体的特别情况及发起人或创办人的意愿而定。通常来说，规管文书应载明的条款包括：

1. 清晰准确说明其宗旨的条款。

2. 限制其资产只能用于促进所述宗旨的条款。

3. 禁止成员之间分摊入息及财产的条款。

4. 禁止其管治组织成员（例如董事、受托人，等等）收取薪酬的条款。

5. 说明在有关团体解散时如何处理余下资产的条款（余下的资产通常应捐赠予其他慈善团体）。

6. 规定备存足够的收支记录（包括捐款收据）、妥善的会计账目及每年编制财政报告的条款。

7. 免除《公司条例》附表 7 所列权利的条款（如该慈善团体是根据该条例注册的法团）。

只有具备这些条款，慈善组织才具备设立的条件。

二、香港地区慈善组织的主要类型

香港慈善组织种类繁多，除了专门的慈善机构之外，还有为数众多的休闲和联谊俱乐部、中心组织、工会、商会、专业团体、宗教组织、私立学校等非营利服务机构，也在从事着部分慈善事业。

现行香港非营利组织的分类主要沿用的是国际非营利组织分类系统(International Classification of Nonprofit Organization，ICNPO)①，这个系统将非营利组织分为12个类别。根据香港环境的变化，这个分类法被演变而形成香港非营利组织的15个类别，即艺术与文化、体育、教育与研究、医疗服务、福利服务、环境、公民及倡议、政治、法律及法律服务、慈善及中间媒介、国际及跨国、宗教、社区组织、专业、工业商业及工会。为了理清各类慈善机构的组织架构和职能差异，可以将这些机构按照不同的标准归纳为以下类别：

（一）协调机构、募捐机构和服务机构

根据机构所肩负的职责，可以将香港慈善组织划分为协调机构、募捐机构和服务机构。其中，协调机构是作为慈善机构的群体代言人发挥作用，负责协调募捐机构、服务机构和政府机构，其本身既不直接募集善款，也很少直接面向市民提供服务，如香港社会服务联会；募捐机构负责为慈善事业募集善款，其本身不直接提供慈善服务项目，如香港公益金；绝大多数慈善机构均属于服务机构，一般不直接募捐，而是作为慈善事业体系中的主体力量，提供各种慈善性的服务。此外，还有少数慈善团体，如东华三院等，则身兼募捐机构与服务机构的双重角色，但

① 国际非营利组织（ICNPO）是在美国约翰-霍普金斯大学的主持下，由来自13个国家的众多学者对非营利组织做出的比较完善的分类，该体系将非营利组织分为12类，27小类。

仍然是以服务为主。

（二）完全独立型的慈善机构和企业附设的慈善机构

根据机构的社会化程度，可以将香港慈善组织分为完全独立型的慈善机构和企业附设的慈善机构。二者虽然都是经过注册且具有法人地位的团体，但前者完全独立，其财政依靠政府资助和社会捐献，而后者则往往与有关企业密不可分，其财政往往依靠所依附的企业。完全独立型的慈善机构无论在数量、服务及影响方面，均在香港慈善系统中占主体地位；而企业附设的慈善机构则发挥重要的辅助作用，如香港上海汇丰银行慈善基金会就是由香港上海汇丰银行于 1981 年注资成立，并由该行提供持续经费。该基金至今已捐款逾 7.15 亿港元资助慈善事业，资助范围相当广泛，包括教育、培训、社会福利和环保等方面。

（三）全港性机构、地区性机构和社区型机构

根据机构的服务范围，可以将香港慈善组织分为全港性机构、地区性机构和社区型机构。全港性的慈善机构为全港有需要的人士提供服务，它们往往历史较长、规模较大、实力雄厚，如东华三院、保良局等；地区性的慈善机构为某一区域有需要的人士提供服务，其服务范围有一定的界限，如圣雅各福群会就是香港湾仔区非常有影响的慈善与社会服务机构；社区型的慈善机构则是立足于社区的小型慈善团体，如社区服务中心等。这三个层次共同构成了香港地区的慈善服务体系。

（四）综合服务机构和专门服务机构

根据机构的服务内容，可以将香港慈善组织分为综合服务机构和专门服务机构。综合服务机构通常提供多种服务，能够满足不同年龄段的有需要人士的服务需求，如香港保良局，已经由过去专门提供妇孺食宿

和遣送服务发展到提供安老、托婴、康乐、培训等多种服务；专门服务机构则专门提供某一类甚至某一项服务，如香港公益金专事筹款、香港艾滋病基金会专门援助艾滋病人等。

三、香港地区慈善组织的内部治理结构

香港慈善组织之所以能够取得长足的进步，与其重视自身的组织制度建设密不可分。完善的组织设置，细致的管理规程都使得慈善组织能够长期处于良性发展的轨道。香港的内部治理结构大多采用现代企业的组织架构模式，将董事会与理事会分设，董事会负责决策，理事会负责执行，在内部的决策机制上更加提倡民主集中。

（一）董事会

香港绝大部分慈善组织的组织架构都设有董事会。董事会的主要职权包括：确定机构的长远发展策略，领导机构朝既定的目标前进；订立风险管理、财务监控、内部监控、监察及向公众汇报的政策；确保适当的理财方式及平衡各方面对机构的要求；监管机构和管理层的表现；审批年度业务计划和财务预算；批准有关年度及中期业绩；审查机构的风险管理及内部监控；确保良好的企业管治及合规；管理机构并确保履行使命，等等。

（二）理事会

除董事会外，理事会也是绝大部分香港慈善组织的常设机构，来负责慈善组织的日常运营管理。理事会的主要职责包括：执行董事会的决议；执行机构内部重要规章制度；拟订年度工作计划；执行并报告年度财务预算、决算方案；确定并执行具体慈善活动方案，等等。理事会通常由十几个甚至几十个理事组成，有的还会在理事会下再设若干小组，

如财政小组、审计小组、项目审查小组、筹款小组等。理事会成员通常都由企业界、学术界的成功之士或者有威望的社会名流担任。

（三）专门委员会

在董事会和理事会之外，大部分慈善机构还设有专门委员会。以东华三院为例，董事局是制定政策的最高组织。董事局未召开会议时，由执行委员会代表管治。董事会下辖多个委员会，包括医疗卫生服务委员会、学务委员会、社会服务委员会、物业委员会、人力资源委员会、员工退休计划管理委员会、财务委员会以及稽核委员会，分别监察东华各个方面的工作或服务。这些委员会一方面向董事局提供制定政策的建议，另一方面任命有关职员执行委员会的决策。此外，董事局通过各间医院的医院管治委员会积极参与医院的管理和发展工作。东华三院的委员会结构如图所示（见图 1－2－1）。

（四）内部监管机构

为了实现组织内部的严格管理，香港慈善组织通常会设立专门的监管机构来监督组织运行的核心环节。主要包括：

1. 筹款委员会

筹款委员会的职责是制订每年筹款活动的计划书，并就每项筹款的目的进行审议；批准每项筹款活动的预算和方案，就其性质与规模，设定行政支出的上限；确保所有捐款都有妥善的会计记录；监察捐款的运用，确保其问责性及费用，监督善款能够运用于适合筹款目的的用途上；评估已举办的筹款活动的成效及成果。

2. 审计委员会

在香港，慈善组织的审计环节通常有两种安排：一是在慈善机构内

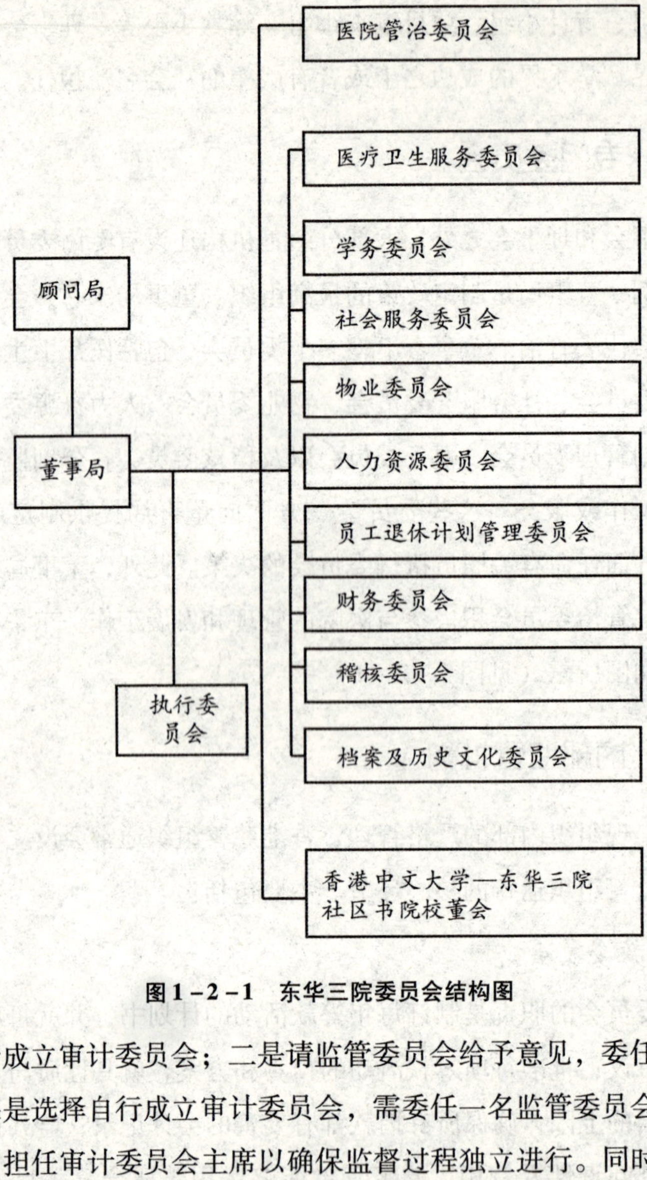

图1-2-1　东华三院委员会结构图

部，自行成立审计委员会；二是请监管委员会给予意见，委任外聘审计师。如果是选择自行成立审计委员会，需委任一名监管委员会主席以外的委员，担任审计委员会主席以确保监督过程独立进行。同时要委任至少一名具备专业资格、会计知识或与审计相关专长的委员加入审计委员会。审计委员会须定期向监管委员会汇报审计结果和建议。

四、香港地区部分慈善组织简介

香港的慈善机构大多成立于百年前，其中有代表性的有东华三院、公益金、香港赛马会信托基金、保良局等，除此之外，不可不提的还有香港社会服务联会。

（一）东华三院

东华三院是香港目前规模最大的慈善组织。“东华”是指广东华人，“三院”指一个董事会领导下的三个慈善医院：位于上环普仁街的东华医院、位于九龙油麻地的广华医院和位于香港岛的东华东院。

19 世纪，不少单身来港谋生的华人在港死亡，由于没有后人，无人运回故乡安葬。为此，一些商会代表以坊众的名义向政府申请拨地，于 1851 年在港岛太平山街上，兴建了广福义祠来安置华人灵位。渐渐地，一些无依无靠、无处居住的贫苦大众便将广福义祠作为栖身之所，有些病危的病人也被送到这里等死。广福义祠一度几乎成为殓房，环境恶劣不堪。之后，《南华早报》报道了此事，轰动一时。港英政府遂于 1869 年下令封闭该祠。

这件事情引起了当时香港社会对医疗设施缺乏的关注，香港华人开始筹划创建一间设施完善、能够为华人提供更好医疗服务的医院。随后，时任港督的麦当奴下令，在上环普仁街划拨出一个地段，同时资助 11.5 万元港币作为建院费用，各界华人也踊跃支持，慷慨解囊。1870 年《倡建东华医院总例》颁布。1872 年，东华医院落成启用，为贫苦市民提供免费中医药服务，奠定了东华三院善业的基石。

20 世纪初，九龙半岛发展日盛，但医疗设施很落后，不少居民生病要乘船到港岛就医。为了改善这一情况，律师何启便建议在九龙另建一间医院。1911 年，广华医院设立。之后，随着香港人口的不断增加，

1929年又兴建了东华东院以支援东华医院的不足。

目前东华三院已经成为香港最具规模的慈善机构，其服务内容在发展中随着大众的需求而逐步多元化。目前服务项目除医疗服务之外，还包括救济、教育以及其他系统化的社会服务。

（二）公益金

香港公益金诞生于20世纪60年代初期。当时，香港人口激增，贫穷、疾病、残障、失学、家庭暴力等社会问题日趋严重。但是，香港的社会福利服务仍未完善，香港本地志愿机构除了提供服务外，更要花费大量人力、物力筹募善款，严重影响了服务的效率与质量。为舒缓社会上的各种压力，香港一批高瞻远瞩的社会贤达倡议开辟“福利银库”，统一筹募经费，让慈善服务机构可以专注做好具体的服务，提升香港整体社会福利水平。在各界的努力下，《香港公益金组织法》于1968年在立法局会议中通过，公益金正式诞生，成为亚洲首个专门以筹款为目的的慈善机构。

作为一个非政府、非营利、财政资源独立及管理自主的机构，公益金将其使命界定为：通过向社会人士呼吁，为所资助的社会福利机构筹募捐款，向有需要的人士提供援助；担任捐款者的信托人，负责谨慎地分配捐款予各会员机构，从而加强社会福利工作，扩大服务范围；为愿意资助香港多种社会福利工作的捐款者提供统一捐赠服务。[①] 公益金的行政费用来自香港赛马会慷慨的赞助，同时，各项基金的稳健投资收益也会全部注入同一资金池。公益金的拨款机制非常灵活，并且透明度很高，能够确保将善款分配到最有需要的社会服务或政府资助未能覆盖的层面，务求提高资源效率。

---

① 香港公益金官方网站 http：//www. commchest. org/。

（三）香港赛马会慈善信托基金

香港赛马会（简称香港马会，1960—1995 年间称为英皇御准香港赛马会）是香港一家非营利的俱乐部组织。香港赛马会由香港政府批准，专营香港的赛马、香港马会及海外体育赛事博彩。香港赛马会同时也是香港第三大慈善机构，其收益扣除营运开支后所得盈余，交由属下的香港赛马会慈善信托基金管理，主要用作体育、文娱、教育、社会服务、医疗方面用途。该组织每年的慈善捐献仅少于东华三院和公益金，平均每年拨捐款超过 10 亿元。香港科技大学、香港海洋公园以及遍布港九的健康保健中心等，都是赛马会捐资兴建的。2011 年度赛马会在赛马及足球博彩收益大增，因而加大了拨款金额，其拨给慈善信托基金的捐款总额达到 16. 2 亿元，创历史新高。[①]

除此之外，香港赛马会也是香港最大的就业机构，共聘有近 5000 名全职员工以及 1. 4 万名兼职员工。赛马会由董事局掌管，董事局以主席为首，由 12 位在香港有名望的董事组成，各董事均义务任职。日常管理工作由总裁领导下的管理委员会负责执行。

（四）保良局

“保良”即保赤安良。保良局是香港特区历史悠久的一个慈善组织。

19 世纪末，香港及东南亚一带地区，经常发生诱拐妇孺、逼良为娼、贩卖人口的事情。1878 年 11 月 8 日，侨商卢赓扬、冯普熙、施笙阶、谢达盛等遂联名上呈当时的港督轩尼诗，要求组织成立“保良公

① 中国新闻评论网：香港赛马会捐 16. 2 亿做慈善，载 http：//www. chinareviewnews. com/，最后访问时间 2011 年 11 月 19 日。

局”，1880年5月正式获港督批准。1882年8月获英核准保良局章程，并于宪报刊出，确认保良局是专为协助政府保护妇孺而设的，特赋予其权力，主要是扫除拐风，保赤安良。之后，保良局规章条文经过多年的实际施行，至1893年由港英政府重新订定，颁布《保良局组织条例》(Po Leung Kuk Incorporation Ordinance）共计35款，确立了更加完善的制度。

至20世纪30年代末，港英政府厉行禁娼，实施禁止蓄婢条例，香港拐诱之风渐减。但与此同时，随着日本侵华，大量难民涌到香港，妇孺无依、被虐待及被遗弃等社会问题随之而来。在这段时期，保良局的工作范围转而以收容教养与技能培训为主，并逐步扩展收容范围，同时增善设备，加强留局妇孺的工艺训练。

20世纪60年代中期，由于社会形态的转变，保良局的服务由局内扩展到局外，并将儿童住宿、日托、教育及弱智康复等同时纳入，工作内容更加多元化。为应时需，港英政府又于1973年重新修订《保良局规章》，颁布《保良局条例》（Po Leung Kuk Ordinance）①，取代了之前的法规，准予扩大服务范围，除更加完善原有的儿童福利服务外，投入了更大的精力兴学育才；20世纪七八十年代，保良局又获得政府划拨土地兴办了保良局度假营，开展了康乐服务并增办了老人服务。②

（五）社会服务联会

香港社会服务联会是香港慈善界和香港特区政府协调沟通的主要媒介。其前身是成立于1938年6月的“紧急赈济联合组成社”，该社当时的职能主要是协助因日本侵华而大量逃港的难民，负责建设难民营、供

① 香港法例第1040章。

② 保良局官方网站 http：//www. poleungkuk. org. hk/。

应衣物和食物、提供教育和其他的福利服务。其后重组成为“难民救济及社会福利联会”（Refugee and Social Welfare Council），由18个代表机构组成，更广泛参与了香港本地的社会福利工作。战后的1945年，联会重组为“香港社会福利联会”（Hong Kong Social Welfare Council），主要服务仍是为难民提供协助。1947年香港社会服务联会正式成立，并于1951年成为法定团体。1952年加入“国际社会福利联会”（International Council on Social Welfare，简称ICSW）。目前，香港社会服务联会是香港慈善组织的代表。社联拥有超过310个机构会员，遍布全港的3000多个服务单位，雇员超过3.68万人，每年接受社联服务的人次超过4300万人。[①] 其提供的会员服务及专业支援包括：机构财务及行政、资源发展及筹款、企业社会责任及伙伴联系。社会服务则分四个服务范畴：儿童及青少年、长者、家庭及社区和复康服务。为了支持社会福利政策，社联还定期监察并分析社会发展、社会政策的数据及趋势。同时社联还常常代表香港志愿福利界参与国际及地区社会福利与社会发展议程，增强与国际上的交流。

第三节　香港地区慈善运营

一、香港地区慈善运营的特点

在发展与沿革过程中，香港慈善事业的运营形成了自己独特的运营模式，其中较为突出的特点是：

① 香港社会服务联会官方网站 http：//2011. hkcss. org. hk/index2011. asp。

（一）慈善机构民营化

如前所述，香港地区的慈善事业是在官方不愿意承担责任的情况下产生并发展起来的，因此，民营化的特点非常突出。在香港，凡是经过法定程序注册登记的慈善组织即具有独立法人的身份和地位，其运行只要是合法的，即不受政府干预，全部运行依靠慈善组织自我管理、自主运行、自我约束。特区政府与慈善组织是伙伴关系，尽管绝大部分慈善机构的财政是由政府资助，但是政府并不对慈善组织运行承担具体的管理和监督职责。这种高度民营化运行模式的好处在于：既调动了慈善组织的积极性和主动性，又减轻了政府的事务和责任，同时还使慈善事业的运行效率和公信度得以保证。

（二）善款筹集与救助实施相分离

香港慈善运行中另一个显著的特点是慈善资金的“募集”与“使用”分而治之，这也是吸纳了西方慈善事业的有益经验。如前所述，根据慈善机构所肩负的职责，可以将香港慈善机构划分为协调机构、募捐机构和服务机构。其中，协调机构是作为慈善机构的群体代言人发挥作用，负责协调募捐机构、服务机构和政府机构，其本身既不直接募集善款，也很少直接面向市民提供服务，如香港社会服务联会；募捐机构负责为慈善事业募集善款，其本身不直接提供慈善服务项目，如香港公益金；绝大多数慈善机构均属于服务机构，一般不直接募捐，而是作为慈善事业体系中的主体力量，提供各种慈善性服务。此外，还有少数慈善团体，如东华三院等，则身兼募捐机构与服务机构的双重角色，但仍然是以服务为主。这三类慈善机构在各自业务范围内运营，使得香港慈善事业运营形成了明确的分工与合作模式：由专门机构承担向社会募集善款的职责，然后将所募资金分配给相关的慈善团体；从事慈善性救助的机构则专门承担实施相应的慈善工作的职责。

募捐与救助相分离的做法使得慈善工作系统内部因分工明确而更加专业，增强了专业性的同时也减少了重复劳动，节省了成本，提高了慈善工作的效率。更加重要的是，这样的分工和节制在很大程度上减少了慈善组织的寻租空间，使得慈善机构的日常工作更加民主、透明，便于社会监督。

（三）广泛借助社会力量

在香港慈善组织的内部治理结构中介绍了慈善机构的通常组成部门。与之相适应，香港慈善组织的工作人员大致可以分为三类，在慈善事业运营中分别承担不同的职责、发挥不同的作用：

第一类是专职员工。每个机构都有固定的员工处理日常行政事务，但是这些员工大多只负责具体事务的落实与执行。

第二类是机构的管理层或者专门委员会的成员。这些成员往往是在香港社会上有声望、并且热心社会公益事业的人士。他们不在慈善组织坐班固定工作，但是真正掌握决策权，对慈善机构运行起决定性作用。

第三类是志愿者，香港社会惯称为“义工”。凡是自愿服务社会并符合准入条件的公民，只要经过注册局注册即可成为社会和法律认可的“义工”。香港劳工及福利局数据显示，全港登记义工人数已达 80 万人，差不多每 10 个香港人就有一个做义工，比例冠绝全球。①

以上固定员工、精英阶层以及普通义工等成员的分工参与，为香港社会各界人士参与慈善机构提供了良好的途径，调动了全社会参与慈善事业的积极性。慈善机构的工作能量也因此被放大。同时，也更有利于

① 郭观：“大音希声，大象无形——小议香港的义工文化”，载《世界知识》2010 年第 11 期，第 48 页。

保证慈善事业运行过程中的公正性和客观性。

根据香港慈善事业运营的上述特点，以下将分别就香港慈善资金募集、慈善资金使用、慈善运行监管以及政府在慈善事业中承担的角色发挥的作用作出介绍。

二、香港地区慈善资金募集

香港慈善组织的资金来源主要有四个方面：政府资助、筹款机构筹款、个人捐款、会费收入和经营收入。

（一）政府资助

在香港慈善事业发展的早期，慈善机构的主要善款来源于本土以及海外社会各界的捐献，政府基本不向慈善机构拨款。随着福利制度的不断健全，香港特区政府拨款已经成为慈善机构善款的主要来源。目前特区政府提供给社会组织的资助已经占到福利署年度开支的20%，承担了香港地区慈善组织90%的经费。

1. 资助原则

香港特区政府资助慈善机构的总原则是：（1）接受政府资助的机构须就款项的运用向公众负责；（2）机构可就本身提供的服务自行募集经费，以弥补政府资助的不足，而其他收入来源不会对资助水平造成影响；（3）资助机构员工的服务条件不应高于同类职系公务员的服务条件；但机构可在不超出个人薪酬拨款范围之内，就聘用员工数目及职级作灵活调配；（4）非政府机构须根据预定的标准提供服务；（5）政府在监察整体财政状况的同时，会集中监管评审工作的成就与表现。①

① 《香港政府康复政策及服务白皮书：平等齐参与展能创明天》，1995年。

2. 传统资助模式

20 世纪 80 年代前，香港社会福利的资助制度以津贴补助的形式为主。当时的津贴制度充满弹性。随着社会福利的需求越来越大，越来越复杂，津贴制度也越来越制度化。目前主要包括标准成本津贴和模拟成本津贴两种模式。标准成本津贴模式是指服务的标准成本由职员薪酬按认可职位的中等薪金计算；模拟成本津贴模式是指津贴会按照福利机构的认可开支提供，每年并按通货膨胀率调整。

3. 创新资助模式

为了寻求更加符合成本效益的做法，增加社会资源运用的灵活性，香港特区政府对传统的资金提供方式进行了改革。近年来已将传统的标准成本津贴模式和模拟成本津贴模式替换为整笔拨款模式，旨在改变以往政府对于受助机构过于看重资源投入管制的问题。

整笔拨款资助模式于 2001 年 1 月正式实行。在这一模式下，政府不再就受资助机构的人手编制、薪酬水平以及个别开支项目设定资源投入控制。资助拨款水平仍然以受资助机构所拥有的服务单位的情况及提供服务所涉及的项目为基础，但资助总额会以整笔拨款方式向机构发放。这样，除了部分制定的支出项目外，受资助机构在需要达到服务目标、成果、成效以及标准规定的大前提下，可以自行决定如何调配政府的资助金额。这种模式在实践中简化了程序，提高了工作效率和成效，提升了服务素质，增加了问责性，实现了较为灵活的资源配置。

同时，近年香港社会福利制度改革更加注重挖掘市民的积极性，试图汇集个人、非营利机构、商界等全社会的智慧和力量，建立一套最有效的工作模式，以解决各种新的社会问题。为此，政府推出了社会福利发展基金、支援服务台、设立奖募基金、设立携手扶弱基金、设立社会工作训练基金以及进行合约服务等不同重点的资助模式。

以携手扶弱基金为例，为推动社会福利界、商界和政府三方合作，建立伙伴关系，共同扶助弱势社群，在2005年施政报告中宣布设立2亿元的携手扶弱基金。该基金于2010年5月获立法会财务委员会通过额外注资2亿元，目的在于进一步鼓励跨界别合作扶助弱势社群。商业机构如作出捐赠，支持非政府机构推行社会福利项目，特区政府会按商业机构的捐赠金额配套给予等额资助。凡根据《税务条例》第88条获豁免缴税的属于真正慈善的非政府慈善机构，均可向基金申请资助。再如社会福利发展基金则是按照整笔拨款独立检讨委员会的建议而成立，由政府拨款10亿元，用以支援非营利机构推行培训及专业发展计划、提升能力措施，以及改善服务的研究。

（二）慈善机构筹款

筹款慈善机构的主要定位是募集资金，然后把募集到的资金通过各种方式捐助给服务类慈善组织，由服务组织开展各种社会服务。其实质是将分散的社会公益资源动员并集中起来，再通过提供服务的方式用于社会。在香港，筹款机构筹集到的善款占到香港社会服务事业运营资金的将近一成，也是慈善组织重要的资金来源。

慈善组织早期的筹款大多是“有钱人”单方向的“赏赐”，这在一定程度上影响了专业筹款的发展。在当今社会，筹款已经发展成为一门艺术，形成了策略、专业化知识和技巧的系统化市场运作。成功的筹款策略，已经成为香港慈善组织生存和发展的必要条件之一。

1. 产品导向的筹款

最初的慈善组织都是以产品导向的方式筹款，大部分的款项由慈善组织的发起者自行捐助，或者利用他们的关系网筹资，少量捐赠者提供了大部分捐赠。

2. 推销导向的筹款

推销导向的筹款方式即香港慈善组织公开募捐最基本的形式：一般筹款活动和卖旗日活动。这类模式的特点是找到潜在的捐赠人，并说服他们捐款。

3. 顾客导向的筹款

近年来，香港慈善组织的筹款理念及筹款项目设计表现出了新的特点：慈善组织既不是固守自己的想法，守株待兔式地等待人们自动捐赠，也不是派人无规则地到处寻找资金，而是主动分析组织在市场中的位置，关注接受组织宗旨的群体，设计使捐款人满意的计划。这种筹款方式代表了未来香港慈善组织筹款的发展趋向，更具借鉴意义。

为了使得这种筹款模式更加清晰可感，以下以香港公益金 2010 年、2011 年度的主要筹款活动为例，详细介绍：

香港公益金 2010 年、2011 年度主要筹款活动

· 贺礼捐公益——鼓励市民将生日、开业、新婚、周年纪念日等喜庆日子所收到的贺礼转为捐款捐给公益金，用作慈善。2010 年 3 月 31 日 ~2011 年 3 月 31 日捐款及认捐数额为港币 322. 3 万元。

· “万众同心公益金”电视筹款节目——这是香港公益金一年一度的大型电视筹款节目，由公益金与电视广播有限公司携手制作，在为公众带来视听娱乐的同时，呼吁市民慷慨解囊，以筹集善款。其中包括“舞动公益心”、“公益金名车慈善奖券”（由梅赛德斯-奔驰香港有限公司赞助一部平治 E350 Cabriolet 敞篷跑车，为公益金推出限量发行 200 张的公益金名车慈善奖券大奖）、“名厨荟萃为公益之米芝莲慈善宴会”等。此项 2010 年 3 月 31 日 ~2011 年 3 月 31 日捐款及认捐数额为港币 3013. 4 万元。

· 慈善金中银香港慈善高尔夫球赛——由200位名人以及精英组成50支队伍，于2011年3月11日在香港粉岭香港高尔夫球会新场举行球赛，为发展及加强公益金资助的“精神病患者及康复者服务”筹集善款。共筹得善款港币180.3万元。

· 公益金玛歌酒庄慈善夜——2010年12月9日香港特别行政区政务司司长唐英年借出官邸设下晚宴，邀请逾百位擅长品尝由法国玛歌酒庄捐出的多款珍藏佳酿以及由信和集团赞助的美食，共襄善举。此次宴会还将尚未推出市场的2010年份玛歌佳酿作为暗标竞投。此次宴会共筹得善款港币524.3万元。

· 公益慈善马拉松——2011年1月16日在香港西贡北潭涌郊野公园举行，超过1700名健儿报名支持，该活动为公益金资助的“康复及善导服务”筹款港币515.1万元。

· 公益竞技大比拼——由香港的企业和机构的350多位运动精英鼎力支持，参与公益竞技大比拼，通过一连串精彩刺激的比赛，为公益金资助的“儿童及青年服务筹款”港币248.4万元。

· 商业及雇员募捐计划——商业及雇员募捐计划是公益金其中一个主要筹款项目。参与机构及雇员可以通过简单而便捷的途径，包括机构直接捐款、“股份代号慈善抽签安排计划”、雇员月薪定额捐款、公益绿“识”日、公益爱牙日、公益行善折食日等支持该项目。此外，机构还可以自行举办富有创意的筹款活动捐助公益金。此项目还设有奖励计划，表扬机构对社会的慷慨捐助。此项计划获得善款1.4亿港币。

· 商业及雇员募捐计划之公益绿“识”日活动——此活动于2010年6月27日及28日举行。活动以“为地球打气，齐减碳足迹”为口号，鼓励市民尽量乘坐环保公共交通工具，无论上班或家居生活，均要身体力行减少碳排量，携手保护地球环境。超过320间机构热心支持活动，同心实践绿色生活，并为公益金资助的“医疗及保健服务”筹募善款。在港铁公司赞助下，凡捐款 60 元或以上者，均可获赠特别设计的纪念套票，在活动举行期间一连两日不限次数免费搭乘港铁多条线路。

· 商业及雇员募捐计划之公益爱牙日活动——这个活动由香港公益金、香港牙医学会以及卫生署口腔健康教育组联合推出，吸引了 300 间企业和机构热烈参与，给捐款港币 35 元或以上者共送出超过 4.3 万份爱牙日礼包。活动筹得的善款，全部用于加强为有需要人士提供口腔护理服务。

· 商业及雇员募捐计划之公益行善“折”食日——2011 年 3 月 22 日此活动举行。参加活动的人只需要捐出一天午饭的费用给公益金，就能协助改善香港的“露宿者及笼屋居民服务”。凡是捐款港币 30 元或以上的人士，都可以获赠由鸿福堂集团赞助的公益行善“折”食日爱心券一张。这项活动获得超过 300 间工商机构及政府部门的鼎力支持，共送出接近 50000 张爱心券。

· 公益服饰日——2010 年 9 月 28 日举行公益服饰日活动，有 1200 间工商机构、政府部门、教育团体，超过 43 万参加者支持。参加者穿着特色衣着上班上学，将爱心献给有需要的人。活动期间还举办了不同形式的比赛，例如摄影比赛、短片创作比赛等，吸引更多的年轻生力军加入公益行列。这项活动筹得善款港币 1828.3 万元，全部用于资助提供儿童及青年服务、家庭及儿童福利服务、安老服务、康复及善导服务、医疗及保健服务和社区发展及其他服务的会员社会福利机构。

除上述筹款活动之外，公益金还举行了一年一度的售旗筹款活动、一般捐款及特别筹款项目、环保为公益等活动。其 2010 ~ 2011 年度筹得慈善资金港币 3.49 亿元。其中，一部分是企业捐款，如香港交易及结算所有限公司举办“股份代号慈善抽签安排计划”，就是鼓励企业庆贺在香港上市之际，将资源投放到社会建设中。仅这一计划即为公益金筹得善款7000万元港币。

由此可见，顾客导向的筹款理念更加注重捐款人的需求和感受，更加市场化、人性化，其中很多活动是将慈善、公益与环保、健康、时尚等概念紧密结合，简便易行而又富有吸引力。在慈善募捐活动日益民间化、人性化的当前，这一做法是非常值得学习的。

（三）个人捐款

香港市民普遍有慈善理念和捐赠行为。不论是成功商人还是普通人，都愿意为社会的慈善事业作贡献。根据明施慎选在2011年6月13日作出的香港过去五年捐款趋势分析报告，香港人很有善心，每年获免税的捐款按年递增，2003年SARS和2008年金融海啸之后，捐款依然有增无减，2004~2009年的统计显示，获得税务豁免的公众捐款平均年增长率为11.6%。获税务豁免的捐款占本地生产总值的百分比按年递增；2008~2009年度获税务豁免捐款占GDP约0.48%，较2004~2005年度又升了两成。①

（四）会费收入和经营收入

香港的慈善组织可以根据章程的规定，向会员收取会费，筹集一定的资金。尤其是香港的传统慈善团体（如同乡会、宗亲会等）有着庞大而固定的会员，每年按照会员的级别收取不同数额的会费。也有的组织用自己的固定资产（如出租房屋、商业）经营，将收入用于慈善事业。

除了慈善组织自身的经营之外，香港商业界、金融界也积极为慈善

① 香港明施慎选官方网站 http://www.idonate.com.hk。

组织、社会企业的经营提供有益指导。例如成立于2008年的社联——汇丰社企商务中心就集合了香港政府、商界和社会福利界三方力量，由汇丰银行慈善基金和社会福利署的“携手扶弱基金”合资，由社会服务联会负责运营，为社会企业提供顾问、培训计划、产品推广平台并协助投资者挑选合适社企等服务，其目的在于推广社会企业精神，凝聚社企力量，推动社会变革。商务中心的社企免费咨询服务分为两大部分，一是邀请大型商业企业的成功人士来中心为社会企业授课，传授成功营运之道，中心集合了多家企业，知名的包括汇丰、港灯、NIKE等，几乎所有知名企业都愿意来这里分享营运经验，用这种方式去实现企业的社会责任。而另一方面则招募能持续不断为社企提供咨询等服务的“社企天使”，这些社企天使均为专业的商业管理人士，他们会为商业经验不足的社企提供顾问服务及培训计划等。截至2011年年底，商务中心已经陆续招募到600多名“天使”，来到商业中心的社企天使们不仅可以在这里认识到其他不同领域的商业专业人士，还能通过与社会企业工作人员的交流了解更多其他方面的知识，如社会政策的改变及其意义，或者当下香港最尖锐的社会问题等，从而拓宽了商务专业人士的见识，帮助他们更好发展事业。[①]

三、香港地区慈善资金使用

根据香港慈善组织的性质不同，慈善资金的使用分为两种方式，一种是由该慈善组织直接支出，用于慈善活动，这种模式被称为“直接支出模式”；另一种是由专门负责募集资金的慈善组织拨款给提供具体社会服务的慈善组织，这种模式被称为“间接支出模式”。

① 社联—汇丰社会企业商务中心网站 http：//sebc. org. hk/。

（一）直接支出模式

直接支出模式以东华三院为例。

东华三院专设财务及采购科，该部门的一项重要职责就是有效地运用所有善款在各项服务计划上，同时致力提升成本效益。根据东华三院财务及采购科的资料，2009～2010年度东华三院董事局全年筹得善款共计港币239.6百万元，连同东华内部资源合计港币308.5百万元，2009～2010年董事局核准在各项服务计划上的总开支达港币270.45百万元。

对于以上款项，东华三院将其分为三个部分：医疗服务计划支出（包括免费医疗服务支出）139.10百万元，占51%；社会服务计划为70.12百万元，占26%；教育服务计划61.23百万元，占23%。对每个部分的支出又有详细计划，以主要医疗服务计划为例，支出计划见表1-3-1[①]：

表1-3-1　　东华三院主要医疗服务计划

主要医疗服务计划	计划支出（港币：百万元）
免费医疗服务	55.56
广华医院重建计划基金	21.10
为黄大仙医院设立“华永会”纾缓医疗中心	13.03
为广华医院妇女健康普查部设置X光立体数码乳房造影机	6.22
成立东华三院血液透析中心	3.30
为广华医院添置泌尿科仪器	2.01
为东华东院添置视网膜血管造影及光学相干断层扫描仪器	1.72
为东华三院综合诊断及医疗中心设立X光骨质密度测定检验室	1.54
为东华医院添置手术室设备	1.30

① 东华三院网站 http://www.tungwah.org.hk/?content=566#DonationApplication。

（二）间接支出模式

间接支出模式以公益金为例。

在香港，专事服务的慈善机构想要从公益金申请项目拨款，必须首先申请成为公益金会员机构。申请资格的要件包括：机构必须于香港注册成立，并根据《税务条例》第 88 条获认可为慈善机构，需提供非营利社会服务给香港市民，并有三年以上业绩记录。所有申请入会机构均由入会、预算及分配委员会审核。审核程序严谨，委员会会亲自走访机构办公室或服务单位，以便更了解申请机构运作。

在预算方面，每年 6 月份，公益金会根据上一财务年度筹款成绩，决定来年拨款预算。预算制定后，会员机构可提交拨款申请，申请必须包括款项要求，预计服务数量及成效。

在拨款方面，为确保所有善款投资在针对社会需要并作出改善计划，入会、预算及分配委员会会审理拨款申请计划的内容、预算、预期服务数量、成效及过往进度报告。

在监察方面，会员机构需要每半年递交获拨款资助项目进度报告，并每年提交机构年报，经核数师审核财务报表及管理建议书。如机构未能提供上述文件或解释有关文件问题，公益金将会停止发放余下拨款。此外，公益金会定期探访会员机构，以了解机构实际服务运作情况。

四、香港地区慈善监管

（一）政府监督

香港特区实行“小政府、大社会”的社会管理模式，政府奉行积极的不干预方针。这一方针也反映在香港政府与民间组织的关系上。由于特区政府管制宽松，导致在香港社会各个领域都有大量的民间组织存在，只要不违背法律，特区政府一般不对民间组织的活动有过多干涉。

从特区政府社会福利署对民间组织的监管看，主要措施包括四个方面：

1. 制定组织规范和行为指引

特区政府社会福利署出台了《慈善筹款活动内部财务监管指引说明》、《领导你的非政府机构——机构管制——非政府机构董事会参考指引》。与廉政公署联合制定了《防贪锦囊》《受资助非政府福利机构的人事管理》《受资助非政府福利机构的采购程序》等文件，供慈善组织参考使用，其目的是提升民间组织董事会的管治和领导能力，帮助机构健全制度，在员工聘任、采购制度、董事会管理、策略性领导、财务职责、行为操守等方面实现足够的监察和制衡。

2. 增强透明度和问责性

社会福利署在网站上将项目决策过程、投入资源、使用资源、项目表现、财政记录和成果等相关文件资料公开，供公众查阅，接受公众投诉，对项目作定期汇报、核算、评估，特别是实施整笔拨款计划，将所提供的服务成效与拨款分配相挂钩，要求民间组织对其行为和结果负责，提高财政效率和问责性。

3. 设立项目监管及审查制度

社会福利署规定，凡政府资助的项目均应在拨款要求中载明监管与回应的条文，并设立明确的量化目标和奖励机制，如成功达标，则与奖励计划挂钩。监管与回应的方式有定期约见、提交书面进度报告、资助管理人审查等，也鼓励民间组织进行内审自查。其中，评估探访是社会福利署监察服务表现的常规工作，以了解服务单位遵守协定服务水平的情况，当中包括16项服务素质标准及基本服务规定的执行。为落实整笔拨款，独立检讨委员会在2008年12月发表《整笔拨款津助制度检讨报告建议》，除了定期的评估探访及为调查投诉而进行的突击巡查外，社会福利署会更频密地巡查服务单位，也会基于一般质素保证需要而按抽样拣选服务单位进行突击巡查。此外，社会福利署还会根据建议由评估人员在探访或巡查期间系统地收集服务使用者的意见。

4. 加强沟通和提供支持

在日常工作中，社会福利署会不定期地组织研讨会，政府官员与民间组织董事会成员交流在机构策略、问责提升、财务管理、法律责任等方面的意见和经验，并通过各类咨询委员会收集意见。也会开展对慈善组织负责人的培训，建立全面的慈善组织董事会及其成员的数据库。

（二）社会监督

社会监督是保证慈善机构健康发展的重要因素。在香港，无论是受资助的机构还是自筹经费的机构，都要向机构董事会（理事会）及社会公众作出报告。其中，最通常的是机构的年报，往往以免费印刷或者电子版的形式向公众公开，其中详细说明当年该机构的服务数据、项目运作情况、管理层人员构成以及经费来源与开支情况。年报的作用在于使捐资人以及服务使用者等相关人士清晰了解机构的运营情况，尤其是捐资人普遍关心的捐款去向问题。此外，公共、公平、妥善地处理投诉也是社会对慈善机构进行监督的一部分。对开放程度较高的香港而言，社会监督的力量很大。香港媒体定期会做一些慈善机构的专题报道。另外有一些民间审计师，会将不同的慈善机构做一个等级评判，让捐款人参考。

以香港红十字会为例，为了确保专款专用，香港红十字会每年年末都会请会计师事务所做审计，审计结果会在年报中详细呈现。每一笔流动资金都由会计师事务所全程跟踪监督，确保每一分钱的流向都有清晰的显示。同时，香港红十字会还有一个内部报表，在专款专用的量超过5000 万港币时，会特别制作一个项目，通过聘用独立的审计公司做另外的审计，比如普华永道就不仅仅依靠年底香港红十字会的整体审计。除了每年年底香港红十字会的整体审计，香港红十字会委员会中还有一个财务委员会。其成员都不是香港红十字会的专职工作人员，而是专业的会计师、财务人员。每一次开会，他们都会查看财务报表，依照香港慈善机构的审计标准来审查。

会计师事务所审计之后，要将长达50多页的报表向公众公布，市民通过网页或电话均可查询到善款的去向。在香港红十字会官网上，从1999~2010年，每年的年报都可看到，每个当年开展的项目都图文并茂，非常详尽。拿汶川地震赈灾举例，2008~2009年年报《财政及筹款报告》显示：2008~2009年，内地及海外赈灾及发展工作捐款收入13.48亿港元，其中“5·12”汶川地震赈灾及重建所收到的捐款为13.11亿港元。在其后的项目说明里看到，实际捐出数额为13亿港元，旁边附有四川地震捐款分配方案以及具体的用途。赈灾计划包括地震后前两个月内先后三次派出香港医疗义工队共20人次，到四川省重灾区服务2000多名村民；在四川省派发了6280个帐篷及睡袋，8962个家庭包；在甘肃省派发8500箱方便面及22069张棉被。①

除此之外，香港红十字会每年会将财务汇报给社会福利署，社会福利署每两年会亲临红十字会检查。

（三）自我监管

香港慈善组织通常都有非常严谨的自我监管制度。自我监管包括行业监管和组织内部监管。

1. 行业监管

行业监管主要通过慈善团体联合会的形式进行。如香港服务联会、

① 香港红十字会官方网站 http://www.redcross.org.hk/tc/home.html。

香港基督教播道会联会、香港浸信会联会、香港佛教联合会等团体均对其成员机构有具体的要求和指导，这种要求和指导往往成为慈善机构的行业自律守则。

以香港社会服务联会为例，根据2005年11月10日联会章程规定，所有会员必须于其财政年度终结后的18个月内提交年报及核数报告，或经证明为正确的周年收支账目，以备联会查核。对于不符合条件的或者逾期半年未缴会费的、或者未能在财政年度终结后的18个月内提交年报及核数报告，或经证明为正确的周年收支账目的，以及其他执委会认为其行为或作为对该会的声誉有损害的，都可以开除其会籍。①

2. 机构内部规管

根据香港社会的慈善精神和慈善理念，慈善机构必须加强机构的企业文化和价值观并强调良好的商业操守和负责任的行为，才有生存和发展的公信力和生命力。② 具体而言，香港慈善机构的内部规管要点包括但不限于以下：

（1）筹款阶段的内部规管

筹款开支的监管。慈善组织就计划筹办的活动编制财政预算，列明预计的开支项目及成本，由筹款委员会或监管委员会审核。财政预算须就行政支出预设上限，而行政支出不应占筹得款项的大部分，以确保捐款用于指定的慈善用途。所有不在预算内的开支均须受严密监察，并须由指定职级的人员批核付款。采购筹款活动所需的物品及服务，须遵守机构的采购政策及程序。只有提交经申请人核实及制定批核人员加签的发票或收据正本才可获支付款项或发还消费开支。

---

① 香港社会服务联社官方网站。

② 《廉政公署防止贪污处防贪锦囊之慈善机构及筹款活动的管理》，载 http：//www.icac.org.hk/filemanager/tc/Content_ 1031/fund_ raising.pdf。

筹款宣传工作的监管。慈善组织在筹款宣传资料中要向市民或准备捐款人披露以下事项：慈善机构的名称、筹款活动详情及目的、查询电话或网址、捐款方法、捐款是否获得免税、捐款可获正式收据等。

募捐人员的管理。慈善组织应当记录所有募捐人员，特别是从慈善机构以外招募的募捐人员的个人资料；规定募捐人员须在筹款活动期间佩戴身份证明，若募捐活动由承办商或代理人进行，应当预备有效的授权文件以供查询。要求募捐人员在进行募捐时必须诚实，必须严格遵守有关法例、筹款牌照、机构的纪律守则以及其他相关条例。

（2）捐款活动后的处理捐赠及发放捐款过程中的内部规管

慈善组织应制定捐赠收集报告统计和汇报捐赠收集情况。内容包括现金捐款数、实物捐款数等，定期向监管委员会或筹款委员会提交有关捐款数目和发放捐款额的报告。

在发放捐款环节，慈善组织应确保筹得的捐款只用在符合捐款活动目的的用途上，如目的有变，必须获得监管委员会的批准。要公布捐款的使用情况，发放捐款须经监管委员会批准及监管。

慈善组织还须提交财务报表和经审计的账目。在每次筹款活动后，要向监管委员会或筹款委员会提交经审计的账目和财务报表，内容应当包括：筹得捐款的总额、筹款活动的行政支出总额和各种支出的分类细账以及筹款活动的净收益。同时要根据发放有关筹款牌照的要求，向相关政府部门提交筹款活动的经审计账目。

除此之外，慈善组织的内部监管还包括审计，即规定捐款的收集及发放必须接受内部或外部审计，并要向监管委员会和审核委员会提交审计报告；制定纪律守则，订明监管委员会和支援要恪守的行为标准，等等①。

---

① 守则内容一般包括：规管接受利益和款待的指引以及《防止贿赂条例》的相关条文；申报和处理利益冲突的指引以及使用和保障机密资料的规则，例如，捐款人和受益人的个人资料。

香港基督教女青年会（简称女青会）的内部监控机制较为完善，下面作简要说明[①]：

在收入方面，女青会根据社会福利署内部监控指引，再配合女青年服务的特性，优化出一套收入流程指引。大部分单位使用电脑化收费系统，减少书写工作，并加强数据的分析和整理；每月收入由负责人核对，并于第二个工作日全数存入银行。所有的收入必须开收据，并将有收据的样本贴在单位交费处的显眼位置，提醒付款者必须领取收据。

在固定资产方面，女青会使用电脑化固定资产系统管理全会的固定资产资料，由财务部统一处理；财务部定期将固定资产明细表派发给各单位，作为盘点之用，单位也会将需要更新的资料报告给财务部，达到相互监察的效果；下属单位每年进行最少两次盘点，督导主任也会不定期到单位进行突击检查；固定资产的购置或报销均需得到授权职级审批，购置金额超过10万港币的，单位需要附上建议书请委员会做详细考虑。

女青会内部设财务部，财务部是与审核委员会相配合的、发挥内部监管作用的重要部门。其主要职责，一是订立财务流程，即综合全会所有服务单位在财务工作上的需要，订立适用全会的财务守则和流程；二是进行观察及检阅，就机构新增的服务或社会日新月异的转变检阅财务流程的切合性；三是沟通，定期到访不同单位了解问题，同时检查财务守则及流程的适用，以便了解单位的需要而改善及简化流程；四是培训，帮助不同职级的同事了解设立各项财务流程的目的和重点，加强同事在财务工作上的认识；五是奖励，每年选出财务工作优秀的单位，作出嘉奖。

---

① 香港基督教女青会官方网站 www. ywca. org. hk/。

五、香港地区义工制度

“义工”，是volunteer的中文译法，在台湾称之为“志工”，在内地则称为“志愿者”。义工活动起源于19世纪西方国家宗教性的慈善服务，本质是服务社会，通过义务工作表现出人性以及弘扬宗教的慈性。[①] 从事志愿活动的义工利用自己业余时间，将自己的劳动力奉献给社会上需要帮助的群体。

香港的义工文化源远流长，早在1968年，香港社会服务联合会便成立了“志愿者服务咨询委员会”及下属的“志愿者服务部”。到1970年，“志愿者服务咨询委员会”发展成为具有独立机构性质的“义务工作协会”，其资金主要来源于社会福利署的资助，直至1981年，正式更名为“义务工作发展局”。与此同时，香港保良局、香港乐施会、香港世宣明会等多家慈善机构相继产生，一直活跃在香港社会。根据香港义务工作发展局最新的统计资料，截至2009年7月底，香港劳工及福利局数据显示，2009年香港义工的总服务时数8700万小时。全港登记义工人数已达80万人，差不多每10个香港人就有一个做义工，比例冠绝全球。[②] 由此可见，香港义工已经成为香港市民积极参与慈善、服务社会的有效途径。

（一）香港义工的准入机制

根据1997年生效的《社会工作者注册条例》，香港社会工作者注册局于1998年正式成立，旨在通过对义工的准入及服务社会过程中的监管，监察义工的素质，从而最终保障公众的利益。该条例规定，只有

① 郭观：“大音希声，大象无形——小议香港的义工文化”，载《世界知识》2010年第11期，第47页。

② 同上书，第48页。

符合准入机制的条件并经注册局注册才能成为法律以及社会认可的义工，其他任何人都不得以“社会工作者”的名衔或其他相关称谓从事任何活动。

根据香港义工注册条例，申请人必须已经获得条例认可的社会工作学位或文凭，或者在1982年3月31日或该日之前担任社会工作职位或者在该日之后担任社会工作职位至少十年，方可注册成为义工。在香港，目前有八所高校提供上述认可的社会工作专业训练课程。虽然所开设的课程种类及名称不尽相同，但必须包含五类必修课，即人类行为与社会环境、社会福利制度与社会政策、社会工作理论与实践、社会科学以及实习指导。除了必须具备专业知识外，申请人还必须通常居住于香港以及未受到禁止获得注册的纪律制裁命令或限制。另外，对于一切可能影响社会工作者专业声誉以及可能被判处监禁（不论该罪行在何地作出）的申请人，注册局都有权拒绝其申请。香港义工的构成因此呈现出年纪轻、学历佳、收入好的特征。根据香港工作者注册局2010年4月的统计数据显示，年龄介于20～39岁的义工占59.6%，而50岁以上的义工仅占到12.9%；具有社会工作学位或文凭的义工高达98.89%，这意味着几乎所有的义工都受到过专业课程和技能的培训；而在非政府部门任职的义工则占到总义工人数的59.3%。[①]

（二）香港义工的服务项目与内容

香港目前拥有400多家社会团体，涉及几十个不同的行业，服务对象及服务方式也各不相同。有超过1.3万名注册义工，大部分投身社会福利署及本港300多间社会服务机构工作[②]。义工的服务范围非常广泛，

① 香港社会工作者注册局网站 http：//www. swrb. org. hk/chiasp/statistic_ c. asp。

② 香港社会服务联会网站 http：//www. hkcss. org. hk/sp/careers/workSW. htm。

大多贴近生活的各个方面，大致可以分为以下几类：

1. 医院关怀探访

医院关怀探访主要是指为医院提供定期的探访服务，其中包括床边慰问，替有需要的病人外出购物，在中秋节、圣诞节等大型节日期间筹备或者协助筹备节日活动等。通过义工的慰问，既能够分担病人家属的忧虑，又能给病人带来开怀畅聚的好心情，有助于病情的缓解以及康复。

2. 义工家访

义工家访主要是医院关怀探访的后续，主要服务对象为已经出院的病人。为了能够继续为病人提供关怀，义工还会到病人家里探访，陪伴病人并与之倾谈，从而减轻出院后病人的焦虑与孤单。

3. 社会劳动

社会劳动主要包括任何涉及体力劳动的活动，可以是短暂性的直接服务，也可以是长期性的工作等。其服务对象多为福利机构、需要帮助的社区以及协助家居清洁、维修等。

4. 结伴为友

这项服务的服务对象很广泛，对于儿童和青少年，义工可以以哥哥姐姐的身份对其进行适当的辅导，对于老人和伤残者，义工则以朋友或亲人的身份协助他们融入社会，从而增强生活的信心。

目前，香港义工的服务项目并不限于上述几项，其范围之广，几乎在社会生活的各个角落都可以见到义工的身影。近几年，随着社会的发展与转变，义工的服务亦与时俱进，而且开始与不同的界别展开跨界别合作。先后发展了新来港人士服务、雇员再培训课程、长期病患者支援服务、艾滋病支援服务、市区重建义工队等，义工涉猎的范围因此扩展至劳工、就业、教育、医疗、健康、房屋、市区重建、文化健康、扶贫、以及国际救援等。[①]

（三）香港义工的资金来源

香港义工作为公益性服务者，其经费来源大致包括政府拨款、社会捐助及自办实体创收三个方面。对于香港义务工作发展局来说，政府拨款占其经费来源的绝大部分，香港政府每年给予义工局的工作经费达到1000多万港元。

（四）香港义工的贡献与社会效益

香港义工的发展从1870年至今已有一百余年。1998年香港推行全港义工运动，使得香港义工领先于世界其他国家。而参与义务工作机构的数字增长更加惊人，从1998年至2009年，香港登记参与义务工作的机构由122家大增至1943家，增幅达15倍。[②] 在香港利用空闲时间去做义工已经成为一种潮流。

义务服务体现的是一种精神价值，义工所注重的则是个人内心精神价值的实现与满足。2006年，香港义务工作发展局为嘉奖表现优秀的义工，新修订了义工嘉许标准。设置奖项中既包括以义务服务时间为基准的积极参与奖，例如，铜奖（全年服务达50~99小时）、银奖（全年服务达100~199小时）、金奖（全年服务达200~499小时）、卓越金奖（全年服务达500小时及以上）及至尊金奖（嘉许连续五年获金奖或卓越金奖的义工）。还包括以服务年资为基准的长期服务奖，另外还有杰出义工奖及VQ（Volunteer Quality，优质义工）义工奖等。[③] 对于

---

① 香港社会服务联会网站 http：//www.hkcss.org.hk/sp/careers/workSW.htm。

② 郭观："大音希声，大象无形——小议香港的义工文化"，载《世界知识》2010年第11期，第48页。

③ 香港义务工作发展局网站 http：//www.avs.org.hk/hkcv_award/cht/。

义工的嘉奖，仅仅是“精神奖励”，而义工内心所追求的价值取向也正是如此。

香港义工为他人提供救助性、扶助性以及预防性的服务，产生了巨大的社会生产力。义务工作发展局的《香港义务工作研究》指出，2009年香港义务工作创造的经济价值高达55亿港元，即义工服务相当于为香港带来55亿元的经济效益，约占当年本地生产总值的0.34%，或相等于4.15万份全职工作。①

比社会生产力更重要的还有义工带来的社会价值，义工创造的社会价值包括以下几个方面：

1. 提升人力资源

义工在协助他人过程中，其自身的社会价值观得到了培养和提升，从而进一步提高了个人的态度以及动机，综合素质以及个人能力亦在此过程中得到提高和升华，就整个社会而言，则是提升了整体社会人力资源的价值观和综合素质。

2. 促进社会团结互助，增强凝聚力

义工的主要服务对象为弱势群体，而弱势群体最大的特征之一就是无法融入社会大环境，如果对其置之不理，则很容易导致整个社会成为一盘散沙，社会秩序混乱不堪。通过义工扶助的形式，能够鼓励弱势群体更好地融入社会，构建正面、互信的社会关系，营造互助共融的社会氛围，增强社会凝聚力，从而达到社会和谐团结。

3. 营造更加公平、平等的社会氛围

社会歧视和不公平与社会边缘群体相伴而生，扶助社会边缘群体，消除歧视，促进边缘群体进一步融入社会大家庭，不仅能够让其自力更

① 中国新闻网：《港义工去年服务时数8700万小时，创造55亿经济价值》，2010年5月5日。

生，还能促进公平的社会环境氛围。另外，义工还可以通过参与监察公共政策的制定与实施，倡导社会资源合理分配，改善现有社会制度。

综上所述，香港义工作为个人参与社会慈善事业的主要途径，已经在本质上成为构建香港和谐社会的重要元素之一。

六、香港政府在慈善事业运营中的作用

（一）香港政府与慈善组织的关系

从19世纪中叶到第二次世界大战结束，香港的社会福利属于民间慈善性质，政府对社会福利漠不关心，放任自流。因此，华人社会的慈善团体和教会单打独斗，与港英政府之间的关系是隔离的。

第二次世界大战后，香港涌入大量难民，港英政府和慈善组织建立起了应急时期的合作关系：港英政府华民政务司辖下的社会局（社会福利署的前身）每日提供2000份热饭给难民。主要的慈善事业还是依靠慈善组织。1958年，港英政府正式成立了社会福利署，承担一些社会福利事务，但是人手少、资金少，起到的作用极为有限。

20世纪60年代，港英政府开始积极参与社会福利事业，从旁观者变为主要的参与者，并在70年代取代了慈善机构提供基本福利服务的角色。政府与慈善机构的主次关系发生了变化：政府为主，提供基本服务；慈善机构为辅，发展新服务并满足一些被忽略的特殊需要。在这一大背景下，政府设立了社会福利咨询委员会，将一些民间慈善组织的领导人作为成员；原来的社会福利署也充实力量，承担起了统筹和推行社会保障制度、提供直接福利服务的主要职责，并同时协调和监督慈善机构。政府与社联及其会员携手制定了第一份社会福利白皮书，成为历史性的突破，确立了慈善机构在策划和检讨社会福利发展中与政府的伙伴关系。与此同时，从20世纪70年代起，政府对慈善组织开始进行拨款

资助，而且资助金额一年比一年增加，目前香港慈善机构 80% 的费用都是来自于政府的资助。

随着慈善组织的迅速发展和对政府资助的日益依赖，政府必然要对使用于福利服务的公共资源有所交代。近年来，政府在推动慈善事业发展的重点工作是福利服务的合理化以及对社会福利署和慈善机构的内部管理。例如，政府对社会福利署进行分区计划，使得资源获得适当调配，同时也加强了对慈善机构的指导和管理。与此同时，慈善机构也开始加强自己对政府相关政策制定过程的影响力，并向政府施加压力，要求尽力解决因为慈善机构扩展服务而带来的一些问题。

（二）特区政府对慈善事业发展的整体规划

作为社会福利事业的行政管理主体，特区政府通过提出行业发展的目标与措施，制定相关的规章，为慈善机构提供法制规范，并以此规范全香港的社会服务事业。

在早期，政府主要是制定相关的政策发展大纲，在分析香港的政治、经济及社会情况的基础上，界定社会福利的宗旨及长远发展目标、确定政府资助模式及制度等。近年来，虽然没有比较全面的社会福利政策文件，但每年的施政报告和财政预算案，都会涉及社会福利政策问题，并以此作为特区政府对社会福利事业、慈善事业及其从业机构的政策依据，例如：

2000 年度的《施政报告》中强调一个充满活力的第三部门非常重要，“市民未来在这方面（热衷服务、志愿参与）的积极性将更高”。

2001 年度的《施政报告》中特别指出有关跨界别合作的事宜，并表示政府会“鼓励市民发挥积极性，汇集个人、非牟利机构、商界等的智慧和力量，建立一套最有效的工作模式，用以解决各种社会问题”。特区政府还宣布成立 3 亿元的社区投资共享基金，作为种子基金，支持社区团体、商界等机构之间的合作，旨在鼓励市民彼此关心，互相帮助，推动社区参与，并推动跨界别的合作，以期建立社会资本。根据这一委托，香港卫生福利和食物局与有关机构共同商讨，制定了有关社会福利策略框架拟稿。提出必须培育三方合作，动员三个部门的资源，通过社会投资的方针，共同履行承担提供社会福利的责任。为造就三方协同效应，特区政府还特别鼓励跨界别合作的意图，尤其在社会福利、环境保护、可持续发展、劳工等领域。

2005 年度的《施政报告》中宣布特区政府“设立 2 亿元的携手扶弱基金，用来推动政府、商界和社会福利界三方合作，建立伙伴关系，共同扶助弱势社群”。

2005 年度的《施政报告》指出，希望通过下列途径制定三方合作关系的政策，振兴经济：“提供途径，让体育界联合商界举办国际体育活动”，“重整基建项目的策划和进行程序，借以达到更高效率和成本效益；所用方法包括：更广泛地采用伙伴合作模式、采取其他解决纠纷的机制、不同的设计方案和采购方式，以及有系统的风险管理技巧。”

在 2010 ~ 2011 年度《施政报告》中，特首曾荫权特别讲到，“香港有健全的社会保障制度，协助市民应付基本生活需要，政府亦大幅资助各种社会服务，基层市民都能受惠。正如其他发达社会的经验，民间和商界积极参与扶贫，不但体现三方协作共同承担的理念，也可以引入新思维，令措施更具弹性、更加到位”；在协助新来港及少数族裔人士方面，“亦会加强与非政府组织及地方团体的合作”。

（三）香港特区政府为慈善事业提供直接资助

如前所述，香港特区政府对慈善机构的直接资助或以购买服务形式提供的间接资助是慈善机构资金的主要来源。除了社会福利署之外，香港政府各个局、署也为管理职能内的慈善组织提供补贴。香港特区政府各局、署自身还设有各种类别的慈善基金，比如教育局设有优质教育基金，卫生署设有严重急性呼吸系统综合征信托基金等①。其中，主要计划有：

1. 可持续发展基金

这项基金是为了“建设美好家园”，强调市民、商界和政府通力合作，实现可持续发展而设。设立目标集中资助那些有助于加深香港市民认识可持续发展概念，以及鼓励市民在香港实践可持续发展原则的措施。基金通过对项目的审查与设定合格的标准，鼓励申请者建立伙伴关系。非政府组织与适格的个人均可直接申请，而政府部门只有与非政府组织合作，才可以申请，并且有关非政府机构必须在建议的计划中担当主导角色。②

2. 社区投资共享基金

这项基金设立于2001年，由香港特区劳工及福利局实施。该基金是为促进社会资本及民间社区组织、工商或专业机构以及政府的三方合作而设立，可资助由社区发动的地区性或全港性计划。截至2011年年底，基金已处理共18期申请，获资助的计划总数为238项，总资助金额为2.4亿元，约有70万人参加了相关活动，支援了2万个家庭，动员了6000个合作伙伴。③

3. 专业服务发展资助计划

这项基金由工商及科技局实施，目的是资助业界推行发展项目，加强香港专业服务界整体在境外市场的竞争力。凡是根据香港特区法例注

---

① 香港卫生署网站 http://www.swd.gov.hk/sc/index/site_pubsvc/page_medical/sub_trustfundf/。

② 可持续发展基金官方网站 http://www.susdev.gov.hk/。

③ 社区投资共享基金官方网站 http://www.ciif.gov.hk/。

册的非分配利润专业团体、工商机构以及研究院所，都可以申请资助。该计划以对等方式资助，每个获批项目能获得的最多资助是 200 万元港币，申请机构必须最少承担项目成本的 50%。政府机构必须与非资助的专业团体、工商机构或私营机构一起作出申请，才能得到现金资助，资助款项不能少于项目成本的 10%。①

4. 创新及科技基金

这项基金由创新科技署管理，旨在通过基金，鼓励和协助香港的企业提升科技水平，提升香港经济活动整体的增值力、生产力及竞争力。基金设有不同的计划，分别是创新及科技支援计划、一般支援计划、大学与产业合作计划以及小型企业研究资助计划。要求所有申请项目须获得超过一个与申请机构并无拥有权或管理关系的企业赞助。有关赞助可以是现金，也可以是非实物。赞助总额一般不得少于项目成本总额的 10%。截至 2012 年 9 月，该基金共核准项目 3025 个，核准资助金额 6922 百万元。②

5. “创业展才能计划”

这是由香港特区社会福利署实施的补助金计划，特区政府在财政预算案中拨款一亿港元注资这一计划，为民间组织提供拨款创办及经营可雇用残疾人士的小型企业。同时特区政府还提供 500 港元的指导员奖励金，鼓励较资深的员工协助残疾员工。截至 2012 年 3 月，“创业展才能计划”先后批出 4000 多万港元，协助成立 70 个项目，创造了 770 多个就业机会，其中 550 个为残疾人士而设。③

---

① 专业服务发展资助计划官方网站 http://www.psdas.gov.hk/chtml/faq.htm#1。

② 创新及科技基金官方网站 http://www.itf.gov.hk。

③ 凤凰网：“香港‘创业展才能计划’为残疾人士创 550 个职位”，载 http://news.ifeng.com/gundong/detail_2012_03/06/13007902_0.shtml，访问时间为 2012 年 3 月 6 日。

（四）香港政府为政企社三方合作搭建平台

香港特区政府在促进政企社三方合作关系中的又一重要使命，是作为推动者为合作关系提供平台。在某些范畴，特区政府会担当领导者角色，协助企业接触第三部门，使其对规模较小的民间组织的工作有更深的了解，从而有助彼此探索共同需要及协作机会。例如，特区的社会福利署就担当了积极的配对角色，采取多项措施，包括在工商机构推动义务工作及新成立康复服务市场顾问办事处，促进伙伴关系的发展等等。

1. 嘉许成功的合作方式

特区政府通过社会福利计划，资助了由香港社会服务联会发起组织的“商界展关怀”计划，给能够展示良好企业公民责任的公司颁赠“商界展关怀”标志。受颁赠的公司必须符合以下六项准则中至少两项的要求：鼓励义务工作；聘用弱势社群；关心员工家庭；建立伙伴合作；传授知识技能；乐于捐助社群。这一计划对促进企业与第三部门之间的合作起到积极作用，计划实施第一年有250个公司获颁赠标志，第二年有495个，而第三年获赠公司则有600个。这些公司中有大约三分之二是中小企业，三分之一是跨国大型企业。[①] 与此类似，其他用以鼓励建立伙伴合作的嘉许计划还包括：劳工处的“开明雇主奖”及社会福利署内部的“义务工作统筹课”等。

2. 开展企业社会责任实践活动

近年来，广泛开展的企业社会责任实践活动，对促进香港政企社三方合作也大有贡献。

在香港，企业社会责任被界定为：商界以合乎社会道德的手法经

---

① 香港社会服务联会官方网站 http：//www. swd. gov. hk/。

营，在取得经济发展的同时，也对改善员工及其家人，以至当地社区和社会的生活质量作出长期承担。企业社会责任包括良好雇用守则（如平等机会、员工福利、工作时间、员工培训及发展、集会自由及人权保障）、供应链管理、内部雇用守则、提高公民意识等。

在香港及世界各地的企业社会责任实践中，似乎都可以找到“社区投资”这一概念，它指的是员工贡献自身技术和时间参与义务工作，以物质和服务作捐献。社区投资是企业社会责任的一部分，是商业机构向外界展示其为良好企业公民的最佳方法之一。香港一些较大型的企业如汇丰银行、中华电力公司、地铁公司、太古集团、怡和集团等，相继开发了一些与民间组织合作的社区投资计划。这些企业在开发社区投资计划时，都考虑员工的期望，评估计划所提供的主要服务是否合乎社区需求，是否回应相关合作的民间组织的要求。

例如，汇丰集团提出了“齐施援手惠社群”的口号，通过员工参与和捐献，支持业务所在地的社区建设。汇丰集团的政策是集中力量于教育领域（特别是年轻人）和环保领域，其目标是将75%的社区纳入针对这两个领域的活动当中。在社区服务方面，汇丰集团鼓励员工以他们的技能服务社区、贡献力量。例如，汇丰集团成立了“汇丰义工队”和“汇丰绿色大使”，积极支持香港本地社区项目。①

（五）香港政府为慈善事业发展提供制度保障

在香港慈善事业运行中，特区政府的另一重要作用是监管慈善事业的运营状况，从整体上为保证慈善事业健康发展提供制度保障。

首先，接受香港政府资助的福利机构，每年要向社会福利署提交自我评估的报告，社会福利署人员也会定期探访，甚至突击检查。若接到

① 彭剑锋、朱宁宁著：《汇丰：全球金融常青树》，机械工业出版社2010年版，第3页。

投诉，会有相应的投诉处理机制。譬如社会福利署会就某项投诉，成立一个独立的调查委员会，来决定这个投诉是不是成立。若投诉成立，社会福利署会监督相关福利机构做出改善，若福利机构做得非常不理想，社会福利署就不再续签“津贴和服务协议”。

对于民众捐助，香港政府也有一套制度性的保障。比如，每周三、周六，香港都会有叫做“卖旗”的筹款活动，即慈善团体在大街小巷卖爱心贴纸或者其他小东西。这种面向公众的慈善筹款活动，都需获得社会福利署的许可证。公众可以要求筹款机构出示许可证，如果对方出示不了，就要交给警方处理。筹款之后的 90 日内，福利机构要在香港的一份中文报纸、一份英文报纸上，公布筹到的数目和会计师核实过的账目，同时也要向社会福利署备案。筹款若用于海外，也须登报，同时将核实过的账目交给社会福利署备案。

为了鼓励民众向慈善机构捐款，香港也有一些税负减免的制度安排。香港《税务条例》第 88 条规定，民众捐钱给获豁免缴税的慈善机构及信托团体，只要满 100 港元就免税。市民若将不动产、遗产赠送给获豁免缴税的慈善机构及信托团体作慈善用途，这些不动产的转移不需交印花税，遗产税也是豁免的。

第四节　香港地区慈善法律规范

香港慈善法律规范的最大特点是“没有专门监管慈善的法律规范”。之所以这样说，是因为在香港现有法律体系中，既没有单一法例规管慈善组织，也没有任何监察或规管制度对慈善活动进行严格规范，以确保为特定目的而征募的捐款妥善地用于该目的。香港甚至没有法律条文来界定何谓慈善组织或慈善目的。

尽管香港的法律体系中并没有专门的慈善方面的法律法规，但这并不意味着香港慈善事业发展缺乏法律法规的约束。事实上，在香港，也有部分法律法规和慈善有关，其内容较少且较为分散。

一、有关慈善组织免税的法律规定

在香港某非营利组织若是《税务条例》（第112章）第88条所指范围内的属公共性质的慈善机构或信托，便可依法向税务局申请，获准豁免缴税。

（一）获得税务豁免的要件和程序

根据《税务条例》第88条，获豁免缴税的属公共性质的慈善机构及信托团体名单均可在香港税务局网页中查询。[①] 按照该条例的规定，申请豁免缴税的属公共性质的慈善机构或信托团体，必须向税务局递交下列文件和数据：

1. 申请信。

2. 有关的注册证明副本（如该机构已成立）。

3. 规管其活动的文书经核证真实的副本。如属法团，该文书应为组织大纲及细则；如属根据法规成立的团体，则为有关条例；如属信托团体，则为信托契约；如属社团，则为会章。

4. 过去12个月（如成立少于12个月者，从成立日期起）曾举办活动及未来12个月内拟举办活动的列表。

5. 上一个财政年度的账目副本（如该机构已成立18个月或以上）。

① 香港税务局官方网站 http：//www.ird.gov.hk/chi/pdf/c_ s88list.pdf。

（二）现行慈善事业税收优惠政策

就香港税务局局长负责执行的各项条例而言，香港慈善组织目前可以获得的税收优惠包括[①]：

1.《税务条例》规定的税项

《税务条例》第88条规定，属于公共性质的慈善机构或者信托团体可获豁免根据《税务条例》所征收的税项。第88条但书载明，如属公共性质的慈善机构或信托团体经营任何行业或业务，从该行业或业务所得的利润必须符合以下情况才可以豁免缴付利得税：所得利润只作慈善用途，及所得利润大部分不是在香港以外地方使用，以及行业或业务是在实际贯彻该机构或信托团体明文规定的宗旨时经营的（例如宗教团体可能出售宗教小册子和传单）；或与该行业或业务有关的工作主要是由某些人进行，而该机构或信托团体正是为该等人的利益而设立的（例如保护盲人的社团可能安排售卖失明人士制造的手工艺品）。除受某些限制外，任何捐给按第88条获豁免缴税的属公共性质的慈善机构或信托团体，或捐给政府作慈善用途的款项，均可在个人入息课税、薪俸税及利得税下获得扣除。

2.《印花税条例》规定的税项

《印花税条例》规定，属于馈赠的不动产转移或香港股票的转让，如果是由享有实益权益的人士或登记物主捐赠于属公共性质的慈善机构或信托团体，或以信托方式赋予属公共性质的慈善机构或信托团体者，则无须缴付按第1（1）或第2（3）类所征收的印花税。不过，有关文书仍须提交印花税署审核，并加盖特别印花，注明无须缴付印花税或已

① 香港税务局官方网站 http：//www. ird. gov. hk。

加盖印花，否则不视作已加盖印花的文书。

3.《遗产税条例》的规定

《遗产税条例》规定，捐给香港属公共性质的慈善机构或信托团体，或捐给政府作慈善用途的财物并不会被视为应征税的遗产的一部分。遗给香港属公共性质的慈善机构或信托团体，或遗给政府作慈善用途的财产，在计算遗产税时可获扣除。不列入应征税之遗产适用于2006年2月11日前去世之捐赠者的赠予及遗赠。

4.《商业登记条例》的规定

《商业登记条例》规定，除非经营生意或业务，否则属公共性质的慈善、宗教或教育机构，一般来说都可获得豁免商业登记。如该等机构经营生意或业务，则必须符合《商业登记条例》第16（a）条载列的条件，才可获得豁免。该等条件与《税务条例》第88条但书所载列的条件相似。

在实际操作中，香港税务局是依赖普通法来决定可否接纳某一组织是为慈善宗旨而成立的，尤其是麦纳顿勋爵在Income Tax Special Purposes Commissioners v. Pemsel案中所定下的慈善宗旨四大类别。此外，该组织必须是纯粹为慈善宗旨而成立的。根据《税务条例》（第112章）第26C条，纳税人如在某一课税年度中作出任何“认可慈善捐款”（总额不少于港币＄100），即可从该年度的应评税利润或应课税入息中扣除这笔捐款。该条例第16D条亦容许须缴付利得税的纳税人在报税时扣除认可慈善捐款。根据这两条条文可作出的扣除，现时受制于应评税利润或入息的35%这个上限。

实践中，尽管《税务条例》和《印花税条例》起到了界定慈善组织的作用，但从职能上看，税务局并不负责登记慈善组织或监管其操守。香港又没有法律条文规定慈善机构须提交周年报告或账目以汇报其财政事务。香港税务局只会在检讨某一机构的豁免资格时，才要求该机构提交账目、年报或其他文件，以确保该机构仍属慈善性质以及其活动与其宗旨相符，但根据现行法律，查阅慈善机构账目不具有强制性。

二、有关慈善机构筹款活动的法律规定

在香港，由于缺乏规管慈善组织的单一法例，特区政府对慈善组织的规管工作零碎割裂，而且主要限于监管慈善筹款活动，例如分别由社会福利署、食物环境卫生署以及影视及娱乐事务管理处作出的监管。而且政府对慈善组织的监管程度也并不一致，根据慈善组织所属类别不同，监管由严格的法定全面监管至对特定活动只作有限度的监察不等。

（一）对于公众地方筹款活动的监管

慈善组织如计划在公众地方举行的活动（例如售旗日）筹款，必须首先根据《简易程序治罪条例》（第228章）第4（17）（i）条，向社会福利署申领公开筹款许可证。根据《简易程序治罪条例》（第228章）第4（17）（i）条，任何人“在公众地方组织或参与任何筹款活动，或售卖徽章、纪念品或类似物件的活动，或为获取捐款而交换徽章、纪念品或类似物件的活动”，即属犯罪，但按照社会福利署署长就为慈善用途而进行的筹款、售卖或交换活动所发出的许可证而进行该等活动者，则属例外。实施这一监管，目的在于限制妨扰公众和维持秩序。

公开筹款许可证主要为两类慈善筹款活动签发，即卖旗日及一般慈善筹款活动。以2010～2011年度全港卖旗日公开筹款许可证的发证条件为例，可以窥见活动许可管理的严谨：

1. 获发许可证的机构必须确保卖旗者和筹办卖旗活动者均清楚知悉及严格遵守许可证所列条件。

2. 卖旗活动只可在许可证指定的时间及日期在公众地方举行。

3. 所有捐款必须出于自愿，不得强逼任何人捐款、收集捐款或者以其他方式捐助。

4. 除制定受惠对象外，其他人不得从卖旗活动所筹得款项中获取利益。

5. 在公众地方举行的卖旗活动不应被作为商业推广用途。

6. 除非有家长陪同，否则14周岁以下的儿童不得参与卖旗；不得向道路上或公路上的车辆乘客卖旗。

7. 卖旗时不得阻碍或者滋扰他人或阻塞公众地方，包括但不限于各公共交通的出入口。如有市民投诉卖旗活动造成滋扰或带来不便，卖旗者应该遵照现场警方人员或场地的管理机构所发出的指示。

8. 卖旗活动必须得到有关当局（包括用作举办活动场地的管理当局或业主）批准。

9. 获发许可证的机构必须在卖旗钱袋上清楚显眼地标示机构名称，并注明卖旗日已获得社会福利署批准举办。

10. 获发许可证的机构须于卖旗日前向社会福利署提交卖旗日所采用的卖旗钱袋及旗纸的设计式样。

11. 卖旗活动所筹得款项应存入获发许可证机构的一个指定银行户口，在卖旗日后的90天内，获发许可证的机构须在扣除所有开支（包括印刷及文具费用）后，将卖旗所得款项的余款，用于许可证上所列明的用途或存入指定用途的银行账户内。

12. 所获得的款项必须用于申请书内所述的用途，获发许可证的机构更须向公众人士交代本次卖旗活动所筹得款项的总收入、开支、净收入以及善款用途。

13. 举办卖旗日的有关支出，不得超过所筹得总收入的10%。

14. 获发许可证的机构必须在卖旗日账目结算表内列明街头卖旗收

入及其他卖旗日有关的捐献，并将该结算表交由会计师或会计师事务所或职业法团审阅。

15. 在卖旗日后 90 天内，获发许可证的机构须在最少一份本地中文报纸及一份英文报纸刊登账目以及会计师或会计师事务所或职业法团的审阅报告，并向社会福利署署长一并提交经会计师或会计师事务所或职业法团核证该账目的正确副本和有关的剪报的正本。

16. 卖旗日的捐款收入及卖旗日捐款净收入的用途必须独立列载于获发许可证的机构经审计的年度财务报告内。经审计的年度财务报告表的副本必须提交社会福利署作记录。

（二）对街头售卖筹款活动的监管

涉及街头售卖的慈善筹款活动，要受《小贩规例》（第 132 章，附属法例 AI）规管，并须预先向食物环境卫生署申领进行街头售卖活动的临时小贩牌照。

（三）对奖券筹款活动的监管

慈善组织如有意透过奖券活动筹款，则须根据《赌博条例》（第 148 章）第 22（1）（a）（i）条，向影视及娱乐事务管理处处长申领牌照。

三、有关慈善组织从业人员职业操守的法律规定

对于慈善组织从业人员的职业操守，通常根据相关的反贪污贿赂法规进行监管与惩戒。

例如《防止贿赂条例》第 9 条规定，任何董事或职员未经雇主或慈善机构的许可，索取或收受任何利益，作为他作出任何与该机构的事务或事务有关的作为或优待的诱因或报酬，即属触犯法例，而提供利益

者也属违反法例。任何董事或职员，若使用载有虚假资料的文件，意图欺骗其雇主或主事人，同样属违法。

四、有关慈善组织最佳管理方法的规范

为了协助受资助的慈善组织符合整笔拨款所给予的灵活性和问责性的要求，社会福利署向受资助的机构提供了一系列“最佳管理方法”的指引。这些指引对慈善机构的规范有序运行有着极大的指导意义。最佳管理方法包括机构管理和服务管理。

（一）机构管理

机构管理方面的最佳管理方法指引主要是机构设置与运行及人力资源管理两个方面。

1. 机构设置及运行

机构设置及运行方面的指导集中在《对非政府机构的管治及内部监控》文件中①。

《非政府机构的管治及内部监控》是香港特区政府廉政公署防止贪污处通过对大部分管理得法的非政府机构的优良制度以及工作常规进行综合整理，制作出的核对清单。旨在提供一系列简单实用的措施，协助非政府机构实施良好管治，并完善有关诚信管理、内部监控、财务管理、采购程序、人事管理、维修工程管理等六个主要方面的工作常规。在不违反拨款规定的前提下，非政府机构可以适当采纳。根据以上主要内容，这份文件分为六章，并附有17个范本（表格）附件。

① 香港特区廉政公署网站 http：//www. icac. org. hk/tc/prevention _ and _ education/pt/index. html。

2. 人力资源管理

在人力资源管理的范畴上，慈善机构应当为表现评核、薪酬及奖励制度、员工培训及发展、人力规划、员工招聘和与员工沟通渠道等方面，制定清晰的政策和计划。例如，在表现评核方面，应当由管理层和员工共同讨论和确立一个为双方所愿意接纳的制度，这个制度是客观和开放的，并能够影响员工发展、调整薪酬、决定职位升迁等方面；在员工培训和发展方面，为了使机构能够应对未来的挑战，机构应制订一套培训及发展员工的计划，协助员工掌握在改善工作表现和提升工作效率方面需要的知识、技巧、能力和态度。对于现有管理人员或者有潜质担任管理职位的员工，机构应安排他们接受适当培训，以具备财务管理和人力资源管理方面的知识和能力；在人力规划方面，机构应当制定包括员工继任规划、因退休或辞职导致的员工流失状况等内容的人力资源规划，以预期未来人力资源的需求，应付不断转变的运营重点。

（二）服务管理

服务管理方面的指导主要是制定服务质量标准。制定服务标准依据的原则是：清晰界定服务的宗旨和目标，并让公众可以清楚知道提供服务的模式；有效地管理资源，尤其注重灵活性、创新性及不断改善服务素质各方面；认定服务使用者的具体需要，并作出适当响应；尊重使用者的权利。

服务质量标准具体包括基本服务规定以及服务素质标准、服务量标准、服务成效标准。这些标准综合起来要达到社会福利署要求的水平。

基本服务规定是指应各类服务的提供方式而制定的一些基本建构要求。基本服务规定，可包括职员资历、所需器材、遵行服务程序手册的要求、开放时间等。

服务质素标准订明了福利服务单位应具备的质素水平。目前共有16项服务质素标准，每项服务质素标准均有一套准则及评估指标说明。这些准则及评估指标均为一般性基本要求，服务营办机构可根据各要求，以合适的方法应用于个别服务类别或服务单位中，以符合所有服务质素标准的要求。

服务量标准指每类服务均应于其津贴及服务协议内订定有关服务量标准的要求，也就是为衡量每类服务的一些基本服务表现指标。各项标准均以服务单位所属的服务种类而订定。例如收容率、已登记会员的数目、个别护理计划完成比率、小组活动的平均出席率、已举行活动的数目等。

一些服务类别的津贴及服务协议内，订明了有关“服务成效标准”的要求，用于量度服务的成效。各项标准根据不同服务类别而订定，并在量度标准时，使用特定的量度工具（如调查问卷或接受服务前后的比较），收集有关资料。“服务成效标准”可泛指整体服务使用者于使用服务后的改进情况，例如支援网络、提升处理家庭问题的能力、参加活动后的减压程度等。

五、对于部分慈善机构的专门规定

除上述统一指导和规范外，对于部分慈善机构，香港法例也有专门规定。例如保良局的运作所依据的就是香港法例第1040章《保良局条例》(Rules for the Society for the Protection of Women and Children)。这一法例具体规定了保良局的组织架构、机构性质、运作规范等，确保了保良局健康、规范的运作。

《保良局条例》的核心内容如下（见表1-4-1）：

表 1－4－1　　《保良局条例》的核心内容

	内容重点
法人地位	确立机构的法团地位
法团事宜	法团的宗旨及权力； 法团的会员； 董事局； 顾问局； 会议及程序； 关于法团的其他方面事宜。
财产	所有在本条例生效日期当日是归属法团的不动产，须继续归属法团。
董事局的权力	凡条例并无规定须由法团在会员大会上行使的法团的任何权力，董事局均可予以行使。
账目	董事局须就法团的所有交易，安排备存妥善的账簿； 账簿须在合理时间内公开予任何总理及由行政长官就此而委任的人查阅； 主席须在其任期届满后的6个月内，将法团的账目报表送交政务司司长，而该账目报表须载有法团上一年度的资产负债账目、收支账目及管理报告； 法团的账目及经签署的账目报表须由法团委任的核数师审计； 经签署与审计的账目报表，须提交予总理、顾问局成员和有表决权的会员。
总理的弥偿	每名总理就法团的任何作为而负有的法律责任，法团须向其弥偿。
修订与更改	在顾问局事先批准下，有关法团的事宜可借董事会的决议予以修订； 上述决议须在宪报刊登，而除非另有规定，否则须在宪报刊登当日开始实施。

六、香港地区慈善立法的不足及最新进展

如上所述，香港慈善组织的法治环境相当宽松。尽管凭借慈善组织的自律精神以及公众、媒体等有效监督，香港慈善事业保持着蓬勃发展，但是近年来，香港各界也在广泛讨论过分宽松甚至缺失监管给慈善

组织健康发展带来的负面影响，并借鉴各国经验，寻求既能确保慈善组织受到有效、公平和适度监管，又能尽量让活跃蓬勃的慈善界保持独立自主的规管之道。目前，香港慈善立法已经提上日程。

（一）香港地区慈善组织监管存在的不足

目前来看，香港慈善组织法律监管的不足之处主要在于：

1. 慈善组织缺乏明确的界定标准

香港目前没有一套正式和既定的慈善组织注册制度，也没有一个政府机构在这方面肩负整体责任。税务局可以接受慈善机构或属公共性质的慈善信托提交的豁免缴交入息税及利得税申请，但并不负责登记慈善组织。社会福利署只负责慈善活动的业务指导，但无登记注册职能。实践中有个别的慈善组织因不同的目的而存在，但不属于涵盖所有慈善组织的正式名单，所以有些慈善组织可能没有在任何一份名单中出现。这意味着在某些情况下，公众人士对于一些在香港自称为慈善组织的机构，未必能够确定是否属真正的慈善组织；也可能有部分非慈善组织假借慈善组织的身份，偷逃税款。

2. 慈善组织的管治、账目及报告缺乏统一规定

在香港成立慈善组织，可以采用各种不同的法律架构，包括法定团体、成立为法团的公司、慈善信托及社团，而上述每一种组织架构，在组织成立之时及组织运作期间，均可以涉及不同的法例规定，其管治准则，基本要求以及账目、年度工作报告等均按照不同的法例执行，或简或繁，没有统一的规定。

3. 慈善事业运营只受到有限度的监管

目前来说，香港特区政府对慈善组织的监管程度并不一致，对于历史悠久并受本身法例规管的组织，规管就清晰而全面；对于接受资助的

慈善机构则受其相关的部门约束，不免宽松和片面。至于许多慈善机构不时在领有许可证的情况下进行筹款活动或根据牌照售卖彩票，社会福利署只能在相关法律所赋予的权力下，监管筹款活动所得收益的运用，而以慈善拍卖会、餐舞会、音乐会、晚宴、电影首映礼、传媒表演节目、邮寄、电话等方式安排的捐款活动，虽然都是邀请公众捐款，但按照香港现行法律，是无须申领许可证或牌照的。因此，这些筹款活动是在特区政府监管之外的。也就是说，政府监管的范围并不包括所有的慈善组织，甚至也不包括所有的慈善活动。

（二）香港地区慈善立法的新议案

针对上述问题，近年来香港社会已经广泛讨论加强监管慈善组织的需要，而设立规管慈善组织的机制，并提升其透明度，已成为公众关注的重要课题。为香港的慈善组织设立有效的规管机制至为重要，不仅可以推动慈善组织的良好管治和行政管理，更有助于建立公众的信任和信心。

作为致力于推动香港法治发展的独立机构，香港法律改革委员会针对慈善组织的法律规管进行了深入的比较研究。其辖下的慈善组织小组委员会于2011年6月16日发表咨询文件，建议应在香港为慈善组织引入范围广泛的规管机制，并且成立慈善事务委员会，以规管慈善组织。咨询文件主要提出以下几个方面的建议①：

1. 明确界定慈善的宗旨和慈善组织的定义

建议采取英格兰与威尔斯以及苏格兰的做法，限定慈善应包括13类宗旨：

（1）防贫或济贫。

（2）促进教育。

① 香港法律改革委员会官方网站 http：//www. hkreform. gov. hk/。

（3）推广宗教。

（4）促进健康。

（5）拯救生命。

（6）推动公民意识或社区发展。

（7）推展艺术、文化、传统遗产或科学。

（8）促进宗教和谐或种族和谐。

（9）促进平等及多元化。

（10）推动环境保护或改善。

（11）对因年幼、年老、健康欠佳、残疾、经济困难或其他不利条件而有需要者提供济助。

（12）促进动物福利。

（13）可令社会得益的任何其他宗旨。

同时，以上任何一项特定的宗旨，不论属于哪一类慈善宗旨，也必须是为了公益。

2. 设立慈善组织注册制度

所有向公众进行慈善募捐的以及寻求豁免缴税的慈善组织，均必须注册。未来的慈善事务委员会应设立和备存注册慈善组织的名单，而这份名单应可供公众查阅。同时应规定慈善组织须就其注册申请作出公告。关于是否容许慈善组织采用某一名称的事宜，应交由未来的慈善事务委员会按每宗个案的情况裁定。

3. 建立健全对慈善组织的管治、账目及报告

（1）规定注册慈善组织须向未来的慈善事务委员会提交周年活动报告。该报告应以标准格式提交，所涵盖的事项应包括：慈善宗旨的变更；为贯彻慈善宗旨而曾进行的主要活动；董事的变更；注册办事处地址的变更。

(2) 未来的慈善事务委员会应通过推动慈善受托人或董事在管理其慈善组织时更切实履行其法律责任，从而负起管理和管治慈善组织之责。

(3) 慈善受托人或董事也有受信责任行使其权力，以达到其获赋权力的原来目的，并且真正令慈善组织得益，而不是令自己对慈善组织的责任与自己的个人利益有所冲突。慈善受托人或董事如有利益冲突，应有责任申报。

(4) 注册慈善组织的慈善受托人或董事应有责任申报任何利益冲突及个人利益。应规定每年收入超逾＄500000 的注册慈善组织须向未来的慈善事务委员会提交核数师报告及财务报表。在不影响《公司条例》（第 32 章）所订的法律规定的情况下，应规定每年收入不超逾＄500000 的注册慈善组织须向未来的慈善事务委员会提交经其董事局核证的财务报表。慈善组织向未来的慈善事务委员会所提交的核数师报告及财务报表，应可供公众取览。

(5) 注册慈善组织的慈善受托人或董事应有法定责任备存慈善组织的妥善账目记录。这些记录应足以显示和说明慈善组织的所有交易，并应保留最少七年。

(6) 未来的慈善事务委员会应获赋权力，就慈善组织在涉及其慈善宗旨的事宜上被指称管理不善和行为失当的个案进行调查。

在行使这项调查慈善组织被指称管理不善和行为失当的个案的权力时，未来的慈善事务委员会应有权就某个受调查的慈善组织而调查其资金、财产及活动，并向这个慈善组织索取有关资料，包括文件、记录、簿册及账目。在上述调查进行期间，应订有适当的保障措施以确保调查保密。

(7) 任何人如故意或不顾后果地向未来的慈善事务委员会或该委员会所委任的调查员提供虚假或有误导性的资料，或未有提供调查所需的资料，或更改、隐藏或销毁为调查而须交出的文件，即属犯罪。

在慈善组织不履行其法律责任时适用的执行及补救权力，应赋予未来的慈善事务委员会。这些权力应包括但不限于：撤销慈善组织在慈善组织注册记录册上的注册；将刑事罪行转交适当的执法机构处理；将有可能提出的民事诉讼转交律政司司长处理以及其他保护慈善组织财产所需的权力。

（8）当慈善组织在管理上出现行为失当或管理不善的情况时，未来的慈善事务委员会应获赋权保护慈善组织的财产，而这项权力应包括但不限于以下各项权力：委任额外的慈善组织受托人或董事；暂停或免除慈善组织受托人、董事或高级人员的职务；把慈善组织的财产归属官方保管人以及规定代慈善组织持有财产的人不得在未经未来的慈善事务委员会批准的情况下放弃持有该财产。

4. 严格规管筹款活动

（1）设立单一的规管组织，负责处理和批给进行慈善筹款活动所需的各类许可证和牌照，并且监管此类活动所筹得款项的运用；此项服务，应由未来的慈善事务委员会提供，而现时社会福利署、食物环境卫生署以及影视及娱乐事务管理处，就批准在公众地方进行的慈善筹款活动及涉及奖券的慈善筹款活动而行使的权力和执行的职责，应赋予该委员会；未来的慈善事务委员会应负责确保公众有渠道可取得筹款活动的资料，并应负责向公众提供回应查询的服务。

（2）就所有形式的慈善筹款活动而言，参与活动的慈善组织的注册号码，应以显眼的方式展示于相关的文件或用以进行慈善募捐的工具（例如募捐单）之上。

（3）关于职业筹款人，未来的慈善事务委员会应制定并发出非属法定的良好实务守则，以规管职业筹款人的活动；未来的慈善事务委员会应考虑规定职业筹款人须向该委员会注册的可行性；作为职业筹款人或商业参与人的良好实务指南，未来的慈善事务委员会应鼓励（包括但不限于）职业筹款人作出募捐声明；职业筹款人向未来的慈善事务委员会及公众披露自己的酬金；职业筹款人向未来的慈善事务委员会披露自己与慈善组织所事先订立的书面协议；未来的慈善事务委员会应就聘用长者进行街头募捐一事，检讨现有情况并发出指示。

5. 完善现有税收减免制度

现有豁免慈善组织缴税的权力以及为税务目的而定期检查慈善组织的职能，应继续由税务局执掌；慈善组织必须已向未来的慈善事务委员会注册，才可获税务局批准豁免缴税；除此之外，香港目前规管慈善组织税务的法律应维持不变；未来的慈善事务委员会应尽量与税务局合作，尤其是在适当情况下通过提供有关慈善组织的账目资料，协助税务局对慈善组织执行评税的职能；政府当局应确保税务局享有充足资源，就慈善组织向未来的慈善事务委员会提交的周年账目，执行检查的职能。

6. 引入近似原则

在慈善信托中，当公益信托终止，没有信托财产权利归属人或者信托财产权利归属人是不特定的社会公众的，经公益事业管理机构批准，受托人应当将信托财产用于与原公益目的相近似的目的，或者将信托财产转移给具有近似目的的公益组织或者其他公益信托。这就是近似原则。

法律改革委员会慈善组织小组建议，在香港引入与英格兰近似原则的法定模式相类似的法例（该模式包含于英格兰《1993 年慈善法令》的条文之内，于2006 年曾作修订），为在香港适用近似原则提供法定依据，并且适度扩展近似原则的适用范围。即使落实慈善信托的慈善宗旨并非不可能或不切实可行，近似原则仍可适用于以下情况：

（1）为特定的慈善宗旨而捐出的财产未能用于该项宗旨，而捐赠者又身份不明或已放弃收回财产的权利。

（2）财产是应募捐而为特定的慈善宗旨捐出。

（3）慈善团体已解散。

未来的慈善事务委员会应透过法规获赋权力，在特定的情况下管理近似原则的应用。

7. 成立规管慈善组织的专门机构

成立慈善事务委员会，作为慈善组织的规管机构。该慈善事务委员会应获赋各种不同的职能和权力以履行其职责，例如备存及管理慈善组织注册记录册、监察慈善组织履行其法律责任、审批筹款活动申请等各项权力。

（1）慈善事务委员会的目标应是：加强公众对慈善组织的信任和信心；提高对捐赠者及受益人的透明度与问责性；在关乎慈善组织的事宜上推广良好管治及良好管理实务；促使慈善组织更切实地履行其法律责任。

（2）慈善事务委员会的职能应是：裁定机构是否属于慈善组织；备存及管理慈善组织注册记录，包括在适当的个案中有权拒绝注册；监察慈善组织履行其法律责任；审批筹款活动所需批准的申请；推广慈善组织的良好管治及良好实务；自行或委任调查员调查慈善组织或其高级人员的失当行为或不善管理；执行裁定及批给补救；应用近似原则。

（3）因未来的慈善事务委员会就下列事宜所作的裁定而感到受屈的慈善机构或人士，应有权向高等法院原讼法庭提出上诉：委员会拒绝将有关机构注册为慈善组织；委员会因慈善组织不履行其法律责任而行使其在执行和补救方面的权力；近似原则的应用。

第二章　澳门地区慈善事业的运行模式

第一节　澳门地区的慈善文化与慈善事业的历史发展

一、澳门地区的慈善文化

澳门位于我国大陆东南部沿海，正处珠江口西岸，与香港、广州鼎足分立于珠江三角洲的外缘。由于其特殊的历史背景及社会经济形态，澳门地区的慈善文化具有显著的异质性。

首先，澳门是一个多元复杂的移民社会。在澳门特别行政区的地域内，聚集了诸如阶级、民族、语言、文化等多种异质性因素，这就使得澳门慈善文化又具有了极强的“中西方文化相结合”特质。其中既融入了中国传统的宗法文化，也融入了西方的法治文明；既具有东方式的互助共济，也具有西方式的自律自强；既有佛教组织宣扬的“普度众生”布施精神，也有天主教和基督教宣扬的耶稣“爱人如己”博爱精神。这些社会福利慈善观念长期并存，和谐相处，共同推动澳门民间救助和慈善事业的发展。以镜湖医院及同善堂为代表的慈善组织，在组织和架构方面继承了中国宗法社会封闭式、以内部作用为主的传统；在运营模式方面又受到澳葡政府法治上的监管，具有浓厚的法治色彩。

其次，澳门慈善事业的发展与其特殊的社会经济形态息息相关。与中国大陆相比，澳门特别行政区具有独特的产业结构，发达的市场经济体制，健全的社会组织结构，高效的政府职能管理以及成熟的公民社会环境。澳门的整个经济以博彩旅游业为主导产业，具有暴利回报，同时财富高度集中。这种特殊的社会经济形态使得“第三次社会分配”成为社会的基本共识——必须通过慈善救助等形式将财富向贫困阶层适当分流，以此避免由于贫富差异过大可能带来的社会失衡与社会动荡。在这一社会共识下，澳门地区目前基本形成了较为稳健的社区支持网络。

最后，自澳门回归后，基本法精神和“澳人治澳”的自尊感不断改变着澳门人的文化观感，也深刻影响着澳门的慈善文化。随着“一国两制”的优势充分发挥，澳门兼具开放性和国际化、宽容性和多元化、互动性和谐衡化、务实性和商业化的新型文化正在蓬勃发展，并逐步成为当下澳门建设慈善事业和发展慈善文化的主流走向。

二、澳门地区慈善事业的沿革与发展

澳门的慈善事业最早可以追溯到葡萄牙人初到澳门之时。1569 年，从葡萄牙来澳门的第一个主教卡内罗开设了一个治病恤贫的慈善会——仁慈堂，并说服葡萄牙居民同意将葡萄牙海关所征关税的 5‰作为慈善会的经费。此后，华人社会相继创办了镜湖医院慈善会、同善堂等专事慈善事业的机构，教会和其他中外社团也不同程度地向社会提供慈善服务。但是直到 1938 年的 300 多年间，由于澳门政府没有介入，各专职和兼职的慈善机构人力财力有限，其慈善服务也只限于赠医施药、衣食救济等应急性质的项目上，施善方没有法定的责任和约束，慈善服务覆盖面十分有限。

1938年，澳门政府设立了公共救济总会，主要职责是联系澳门中葡社团，为居民提供社会服务。自此，澳门政府开始介入民间慈善事业。20世纪50~60年代，澳门工人联合总会、澳门街坊福利会、社会复原所等机构陆续成立，公共救济总会也正式改称社会福利处。所有这些，不仅增加了慈善机构的数量，扩大了慈善服务的范围，更重要的是拓展了慈善服务的层面，由过去单纯的直接的物资援助逐渐向精神和心理方面的救助发展。

进入80年代以后，澳门的慈善事业在深度和广度上都上了一个新的台阶。

首先，由于澳门社会经济开始腾飞，且在20余年内保持较高速度的发展，澳门政府的经济实力大为增强，不仅加大了对慈善事业的经费投入，而且加强了对慈善事业的管理力度，陆续出台了一些有关慈善事业的法例，使澳门的慈善事业逐步走向规范化。1986年11月17日，澳门政府制定法令，对澳门的社会福利宗旨、原则和管理体制作了专门的规定。1987年，澳督文礼治就多次在公众面前提及澳门政府将提供更多更佳的条件，改善劳动者生活条件，为澳门居民多办好事。

其次，澳门各界人士对慈善事业的关注程度日益提高，大多数人在或直接或间接、或多或少地享受着社会福利的同时，都积极踊跃地参与社会福利事业。1984年2月，澳门工人联合总会第20届代表会议通过决议，敦促澳门政府立法保障工人福利，直接促成了同年8月澳门政府第一部《劳工法》的颁布。1987年12月12日，近2万名中葡人士参加了澳门日报读者公益基金会的公益金百万行起步活动。

最后，中国政府所给予的支持和援助，也是推动澳门慈善事业发展的一个重要的因素。在1999年12月20日澳门回归祖国后，澳门的慈善事业得到了长足的发展。从政治方面来说，中国政府坚持一国两制的基本方针，对稳定澳门过渡时期的政治局势、推动澳门经济发展起到了直接作用，为澳门社会福利的发展提供了基本保证。从经济方面来说，澳门回归后，社会趋于和谐、经济发展迅速、民众生活水平得到提高，为慈善组织的壮大提供了坚实的物质基础。中国政府除增加在澳金融资本额、扩大贸易量外，还直接参与澳门福利事业。中国政府的资助以及内地与澳门之间交流往来的密切化，使得澳门慈善组织的力量不断壮大、影响力也不断扩展。与此同时，随着澳门的回归，各慈善组织也开始重新思考自己的定位和发展策略，官民互动推进慈善事业的模式逐渐成形并不断改进。所有这一切都直接推动了澳门社会福利事业的发展。

第二节　澳门地区的慈善组织

一、澳门地区慈善组织的设立

在澳门，符合下列条件，经合法注册登记，即可成为民间非营利社团，并可以获政府认可成为公益法人：以慈善或公益为组织宗旨，具有完全独立的行政、财政和服务方式；拥有相对集中但范围广泛的服务对象，包括长者、青少年、幼儿、妇女、残疾人士、工人等；服务内容面向社会有需要的人群，包括开展社区、大厦、家庭、文化教育、卫生、社会治安和环保等各方面的服务工作。

二、澳门地区慈善组织的主要类型

（一）依据慈善组织职责的分类

依据慈善组织所承担的任务或职责，可将澳门慈善组织划分为混合型公益组织、综合型慈善组织、专一型慈善组织、协调型慈善组织以及附属型慈善组织。

1. 混合型公益组织

混合型公益组织是指在提供有关慈善服务的同时，也从事着其他社会公益事业，或以慈善事业为主，或以其他社会公益事业为主。在澳门，这类慈善组织的典型代表如镜湖医院，它不仅担负着为穷人提供免费医疗的任务，同时也担负着为一般市民提供收费医疗的任务。

2. 综合型慈善组织

综合型慈善组织是指在一定区域范围内提供多种综合慈善服务的慈善组织。尽管其开展的慈善项目在不同地方、不同时期会有不同的侧重点，并要受到财政实力及捐献者意愿的限制，但其慈善服务项目及内容却可以是多方面的，不会受到组织结构及法定职责的局限。综合型慈善组织本身也是财力雄厚、服务广阔、功能齐全、运行规范的慈善事业的代表。在澳门，同善堂是这类组织的典型代表。它的慈善项目包括赠医、施药、接生、殓葬、供茶、派米、救灾和恤贫等事项。

3. 专一型慈善组织

专一型慈善组织是专门为了某一项慈善事业而建立起来的，其特点是肩负的职责和任务较单一、援助对象较单一、目标很明确，如澳门红十字会等。

4. 协调型慈善组织

协调型慈善组织的职能主要是协调慈善组织与政府的关系、募捐机构与实施机构的关系以及各慈善组织之间的关系，其自身一般不从事具体的慈善工作，其作用是充当慈善事业的代言人或自律机构。在慈善事业较为发达的情况下，应当有专门的协调型慈善机构，或者由有影响、有权威的慈善机构充当协调机构。澳门的社会工作人员协进会是典型的协调型慈善组织，它的宗旨是促进政府和民间机构沟通和合作，积极推动社工专业发展，扩展慈善服务的能力。

5. 附属型慈善组织

附属型慈善组织是指在企业附属设立慈善或公益组织从事慈善事业。如《澳门日报》设置的读者公益基金会就是企业附设的慈善事业机构。

（二）依据慈善组织主办者的分类

依据慈善组织的主办者，可将澳门慈善组织划分为由社团主办的慈善组织和由教会主办的慈善组织。

1. 由社团主办的慈善组织

由社团主办的慈善组织包括：（1）进行直接资助的慈善组织，如仁慈善、同善堂、镜湖医院慈善会、澳门日报读者公益基金会等。这些福利团体提供的主要是物质上的直接资助，包括紧急援助，赠医施药，关心贫苦，助学育才，提供廉价房屋，发送棉被、白米等；（2）提供直接服务的慈善组织，如工联、街坊会等，提供多元化社区及老中青妇幼的服务，举办活动丰富居民文体生活，提供辅导和协助。（3）进行间接服务的慈善组织，如特殊奥运会、弱智人士服务协会及弱智人士家长协进会等。这类慈善团体提供的福利服务并非单一的金钱上的援助，而是通过提供各项训练及康乐活动，让弱智人士有更多接触社会的机会，增强他们克服困难的能力。（4）为慈善组织提供人力资源支持的专业性团体，如澳门社会工作人员协进会。此类团体的服务对象是社会工作人员，主要职责是提高社会工作者帮助他人的能力。

2. 由天主教开办的慈善组织

由天主教开办的慈善组织占澳门民间福利团体的半数，且服务内容广泛，包括儿童、青年、老人中心、老人院、孤儿院、辅导中心、善终服务、特殊人士服务、露宿者中心、图书馆等，服务范围几乎遍及全澳门。其中尤以明爱中心最具代表性，提供的福利服务包括家庭服务，安老服务，康复服务，社工服务，教育服务，辅导咨询服务，等等。

（三）依据慈善组织性质的分类

依据慈善组织的性质或组成，可将澳门慈善组织划分为基金会、社会福利与社会服务团体、医疗卫生团体、同乡会、宗亲会、街坊会以及互助会等。

1. 基金会

依澳门《民法典》（第39/99/M 号法令）第二章规定，基金会属于财团性质的法人，是以财产为基础且以社会利益为宗旨的法人。在法人登记中的基金组织，多以财政支持社会福利、教育、文化等事业，但常是间接以金钱支持其他个人或法人去从事公益的活动。

2. 社会福利与社会服务团体

社会福利与社会服务团体包括从事救济、助人发展及社会心理适应工作的，属社会福利或社会服务团体，这类团体名称繁多，但常以慈善会名字出现。

3. 医疗卫生团体

医疗卫生团体是指以关注医疗卫生事务为宗旨的社团以及以促进健康和以保健为目标的社团。

4. 同乡会

同乡会通常是指某一市、县、乡人士所组成的团体或某省人士所组成的团体。这类团体，大多用同乡会命名，具有互助性质。

5. 宗亲会

宗亲会是指以同一祖宗、家族为基础的人士而组成的社团，也包括那些以同姓人士组成的社团。

6. 街坊会

街坊会或称街坊福利会，是香港与澳门地区的一种民间社区服务组织。这些街坊会联络邻里感情，守望相助，兴办各种福利事业，并代表居民向政府机构反映民意，发挥了邻里民间社团的良性功能。传统的街坊会是以一个小区域来划分界限而成立。随着社会发展，一个屋村的住户以及一幢大厦小业主所组成的团体，也可视为街坊会。

7. 互助会

互助会是由一群特定范围、特征的人士所组成，成员有着共同背景以及关切点，以互相联系、帮助为目的的团体都可归类为互助会。

三、澳门地区慈善组织的内部治理结构

（一）组织架构

一般而言，澳门慈善组织是由三大部分组成，即会员大会、理事会和监事会。会员大会作为组织的最高权力机构，对于社团的重大决策享有绝对的控制权，如章程修改、选举理事会和监事会成员等，会员大会一般每年只召开一两次；理事会是社团的日常行政管理机构，在会员大会休会期间，代行社团管理事务；监事会则作为监察工作的专门机构，确保慈善组织在合法合规轨道内运行。除此之外，也有一些慈善组织根据自身管理的需要，在此基础上另行设置下属单位或机构。

以上是澳门慈善组织固有的结构模式。不同的组织根据不同的使命及成立条件会有所不同。较为典型的慈善组织是澳门同善堂与澳门街坊

联合会总会，其组织结构如下（见图2-2-1、图2-2-2）。

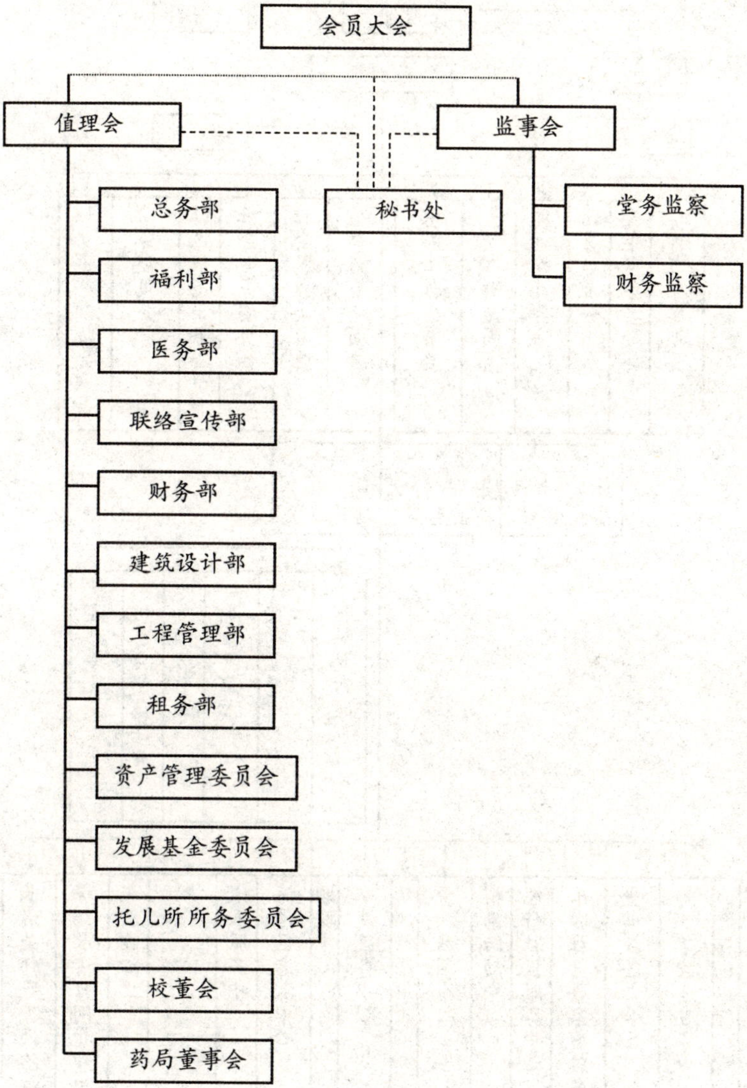

图2-2-1　澳门同善堂组织结构图

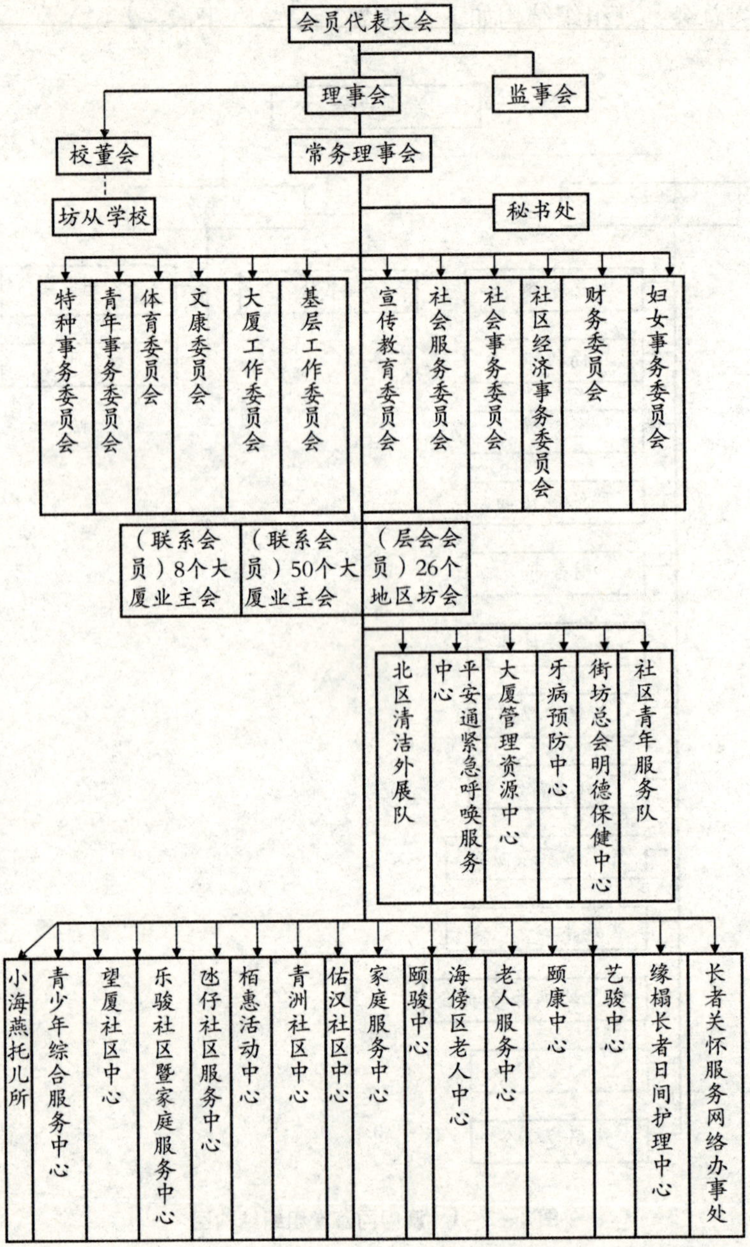

图 2-2-2　澳门街坊联合会总会组织结构图

（二）财务制度

澳门的多数慈善组织接受政府资助，而政府资助既然来自公共财政，必然要求用得其所。因此，财政收支和财务评估便成为澳门慈善组织的工作重点。

澳门慈善组织的财务评估形式主要包括向资助者提交资助活动后报告；定期公布账目；慈善财务审计等。在一份针对澳门近110家民间非营利社会福利服务机构的调查（截至2004年）中，有八成左右的服务机构设置了内部的财政监察系统，而有九成左右的机构妥善保存有近3年的工作和财务记录；向资助者提交资助活动报告的，占96.6%，而定期公布账目的，占69.5%。当然，不可否认的是，一些慈善组织因缺乏专业的会计人才，或因未能建立系统的财务评估机制，在财务制度上仍存在一些弊病而须改正。

（三）人事制度

在澳门的慈善组织中，多数只有五名或以下的工作人员，且人员的流动性较大。造成人员流动性大的原因在于：第一，晋升机会低，影响到人员的士气和积极性；第二，由于在政府部门任社工的薪金比民间的高出一至两倍，故民间机构的社工往往会争取到政府部门工作，由政府向民间反向流动的就极少；第三，澳门博彩业等行业经济的发展，拉高了就业市场的薪酬，令社会服务的运作成本提高，专业和非专业服务人才流失。

在人员培训方面，多数慈善组织订有年度人员培训计划，在培训费用上也能得到政府的财政资助。不过对于新入职的人员而言，设有入职培训方案的组织数量相对较少，这主要是因为澳门存在广泛的非正式“学徒制”形式，导致新人长期依赖“导师”，难以有较大的发挥。

在人员奖惩方面，各慈善组织或设有正式的奖惩机制，或在事实上采取过奖惩人员的行为，且多倾向于采用惩治多于奖赏方法对待员工的表现。不过从整体上来说，各慈善组织对待奖惩机制往往以不重视者居多，这一方面在于慈善组织内部多采取任意式的管理模式，员工本身多为半义务或以低薪资聘用，故管理者一般对其降低要求；另一方面在于慈善组织的结构形态，多数组织是作为社团的附属单位，罕有建立奖惩机制（最多只在章程内订明取消会员资格的情况）。

四、澳门地区部分慈善组织简介

澳门的民间慈善组织历史悠久，有的已有上百年历史，如同善堂、镜湖医院慈善会、仁慈堂等在一百多年前就已开展各类社会慈善活动；而20世纪50年代以来陆续成立的一大批慈善组织，包括澳门工会联合总会、澳门街坊总会、澳门妇联总会、澳门天主教明爱中心和澳门日报读者公益基金会等团体则在社区第一线，担负着最实时、最直接的社会救助服务工作。

（一）同善堂

同善堂创办于1892年，是一家历史悠久、提供多元化服务的民间慈善机构，也是澳门首个华人专业慈善团体。其创立宗旨为“同心济世，善气迎人”，服务对象无分国籍，开展救死扶伤，济世助人，诸如赠医、施药、接生、殓葬、供茶、派米、救灾和恤贫等慈善工作。同善堂的经费来源除了部分商业地产收益和政府的支持外，大部分均来自澳门和海外各界人士及社团的捐助，并且每年举行沿门劝捐活动，以筹作经费之用。

（二）镜湖医院慈善会

镜湖医院慈善会是澳门一家历史极为悠久的民间华人社会福利团体。于1871年由沈旺、曹有等向政府注册建成镜湖医院，并开展赠医施药、安置疯残、停寄棺柩、修路、救灾赈济、平粜、施茶施棺和兴学育才等慈善工作。该慈善会及镜湖医院的经济来源一直依靠社会热心人士捐赠及举办筹募活动来维持。从1968年起，政府开始资助该会。迄今，镜湖医院已发展成为全澳规模最大的一所中西医结合的综合性医院，这也为其更好地开展慈善公益事业奠定了坚实、雄厚的物质基础，使得近年来镜湖医院各项慈善业务有了进一步的扩展。

（三）明德慈善会

明德慈善会是由澳门工商界人士于2005年5月自发组成的非营利慈善组织，其主要宗旨是为推动澳门和内地的老人、妇女及儿童福利事业的发展。与内地慈善会不同，明德慈善会内部没有一个全职工作人员，所有成员都是义务从事慈善会的相关工作，工作费用全部自理。明德慈善会的另一个显著特点是，慈善会的工作队伍全部由女士组成，她们的丈夫则组成了捐款人队伍。

（四）明爱慈善会

明爱慈善会是澳门的另一个知名社会服务机构，主要服务本澳市民。其前身为创立于20世纪50年代初的利玛窦社会服务中心，1971年正式成为天主教澳门教区的下属机构，并加入了“国际明爱”，易名为“澳门明爱”。该机构的宗旨在于：为个人、家庭、团体及社区服务，协助他们在社会、经济、道德及精神生活方面，达致更符合人类情况的境地；对自己的生活动向负责；在他们的环境内，建立基于真理、秉乎正义、发乎仁爱、实现自由与和平的社区。明爱慈善会从创办至今，服务项目共计 13 项，单位 30 个。为澳门市民在不同人生阶段中提供服务，涵盖预防性、补救性、发展性等方面。其服务范围之广，使明爱慈善会成为澳门当下规模最大的社会慈善服务志愿团体之一。

（五）澳门中华总商会

澳门中华总商会是澳门最大的工商社团，正式成立于 1913 年，初名澳门商会，1916 年正式定名为澳门中华总商会。商会会员分为三类：一是团体会员，一般是行业性商会或地域性商会；二是商号会员，为华商公司商号；三是个人会员。如今，该商会已是澳门工商界中建立最早、影响最大的一个团体。澳门中华总商会虽是一个商业团体，但长期以来，为澳门民众排难解纷，扶危救弱，在促进当地的社会福利和慈善公益等方面，亦发挥着积极作用，深为澳门各阶层人士所倚重。澳门中华总商会成立之后，就积极参与内地和澳门的慈善救济和社会福利工作，做了很多对社会、对民众大有裨益的工作。同时，澳门中华总商会还热衷于文化教育等社会公益事业。先后开办了商训夜中学、青洲小学以及阅书报室等文教设施。总商会设立的阅书报室现有 40 多年历史，藏书近 3 万册，中西报刊数十种，是澳门规模最大、读者众多的公共图书馆，这在一定程度上推动了澳门地区公益性文教事业的发展。

（六）澳门日报读者公益基金会

澳门日报读者公益基金会自 1984 年成立以来，一直秉承“人人为我，我为人人”的精神，根据“取之于民、用之于民、善款善用”的原则，在慈善公益、紧急救援、助学育才、援助贫困，关心弱势群体等多项社会服务中作出了广博的贡献。作为一家独立的非营利公益慈善团体，它有计划有系统地募集各界人士捐款，用于社会救济和公益活动。

善款主要用于发放紧急救援金，以协助受天灾和意外事故的受害者和家庭重整家园之用；发放帮助贫困家庭、伤病残者和无依老者的特别援助金，以解危困；发放助学金，帮助家境清贫而有志向的学生能够继续学业；资助各类社团开展社会公益活动和添置医疗设备、运输工具、办公室设备，推动社区服务等。每年所举办的“公益金百万行”活动，都会获得政府官员和不分国籍、种族、年龄、宗教和职业的社会各界人士的共同参与。

（七）澳门工会联合总会

澳门工会联合总会（简称工联）成立于1950年1月20日，是澳门各业工会的联合组织。从成立时的12个行业性工会发展为64个行业性工会会员，直属基层工会72个，名誉会员团体2个。自成立起，工联开办了十多个涵盖基础教育、成人教育、职业教育、医疗、老人、青年、幼儿、社区等范围的教育和社会服务机构以及文化、体育、康乐活动场所，为各业职工和广大市民提供多元化的社会福利服务。半个世纪以来，工联的会务工作围绕着争取职工权益，参与社会事务，开展社会服务和扩大爱国团结等几方面来展开，取得了显著的成绩，目前成为澳门社会具有较大影响力的社团之一。

（八）澳门街坊会联合总会

澳门街坊会联合总会（简称街坊总会）成立于1983年12月30日，由地域涵盖全澳门的25个街坊会和居民联谊会组成，是澳门各区街坊会的领导组织，也是一个民间的社会服务团体。总会还办有十三个直属服务中心和一间学校，向会员、居民提供服务，从不同层面对澳门社会发展作出贡献。街坊总会成立以来，领导各区街坊会和直属中心机构继续发扬爱祖国、爱澳门的精神，广泛团结坊众，坚持“团结坊众、参与社会，关注民生、服务社群”的工作方针，努力维护居民的合理权益，大力拓展多元化的社会服务工作。在救灾扶贫、排难解困、慰病问苦、敬老慈幼等方面做了大量工作。在积极参与社会事务工作过程中，经常关注房屋、教育、治安、交通、环保、卫生等社会问题，努力为居民办实事、谋福祉。

（九）澳门社会工作人员协进会

澳门社会工作人员协进会成立于1984年10月14日，为非营利的专业团体，旨在团结社工人员，提高社工人员的服务质素，并带动其积极参与社会服务。以双赢观点来与政府和民间机构沟通、合作，积极推动社工专业发展。该会的工作范围包括提倡、推行或协助其他社会服务团体推行社会服务，举办课程、讲座、研讨会、出版刊物，对社会问题及政府政策提出意见及建议等。为配合社会发展需要，该会近年着力推动社工专业发展，如1995年修改会章，确定了会员的学术基础条件，并成立专业发展工作组，1996年制定了澳门首份社会工作专业守则，召开区域及国际性研讨会，并致力加强与其他地区和国际社工组织的联系。

第三节　澳门地区慈善运营

一、澳门地区慈善资金的募集

澳门慈善组织的资金募集渠道包括会员缴纳会费、租业收入及其他经营性收入、社团内部与社会性捐助以及政府资助。其中最重要的是政府资助与社会性捐助。

（一）政府资助

在澳门，特区政府通过技术援助、财政资助、设施设备或物料的让与等手段予以资助，对整个社会的福利事业、慈善事业发挥了至关重要的作用。

澳门政府自20世纪30年代以来便成立专职机构，介入慈善事业。随着七八十年代澳门经济的腾飞，政府逐渐加大了对慈善事业的投入。政府不仅兴建了社会房屋、经济房屋，开展了免费医疗和免费教育，兴建和管理着社会服务设施或兴建后委托民间管理，免费提供膳食、预防和戒毒、囚犯和被释囚犯重返社会的服务，而且增加了对民间慈善机构的资助，并加强与这些机构的合作。

澳门政府对接慈善事业的机构是社会工作局。社会工作局对民间慈善组织的财政资助，大致包括以下两类：一为定期资助，一般为每月发放，包括人员薪金资助和服务活动资助，即常规性活动的运作经费；二为不定期资助，主要用于资助慈善组织为了回应社区需求或运作上的需要，而举办的一些偶发性活动或另类项目（如设备购置或设施维修等）。特区政府掌握着财政等公共资源，民间慈善组织有着各自强大的社会服务网络，二者之间建立良性合作机制，有利于做好慈善工作，有利于提升广大居民的综合生活素质和构建和谐社会。可以说，当前加强特区政府和民间社会服务团体的有效合作，实现优势互补，是做好民间慈善工作的最有效途径。

（二）民间捐赠

在民间捐赠方面，众多慈善组织或收到热心人士捐赠，或举办相关活动进行募集。以澳门日报读者公益基金会为例，作为澳门一个比较年轻的大型慈善机构，自1984年成立以来，秉持“人人为我，我为人人”的宗旨，将收集的善款用作紧急救援、助学金，或配合其他社团从事广泛的社会公益活动。通过每年举办一次“公益金百万行”，吸引不分国籍、性别、年龄、种族、宗教信仰、职业、阶层的全澳官民积极参与，每年参加步行人数高达三万人，募集金额达数百万元，已成为澳门最广泛的群众慈善募集活动。

澳门同善堂在每年农历十月初一开始“沿门劝捐”，筹集一年度经费，通常为期一个多月。有多种捐款途径，可以亲自前往同善堂出纳处捐助，也可以致电同善堂，由同善堂会计部派人上门凭据收取，也可在设有同善堂专户的大丰银行、中国银行、国际银行、汇丰银行等直接捐助，或者借由信用卡捐助。

二、澳门地区慈善资金的使用

澳门慈善组织所募集到的资金，要通过以下四种方式使用：

（一）直接资金援助

直接资金援助包括发放善款、救济金、补助金等。澳门同善堂的善行之一就是助贫济施。对于老弱病残或者单亲家庭的求助者，每月持领物证就可以在同善堂领取该月物资，并在节日期间领取应节物品，冬天领取御寒衣物，遇到突发性天灾人祸，也会派员慰问受灾者并及时提供紧急物资援助。

（二）设立专项基金

专项基金是为了专门事项设立的专门用途救济基金，便于有针对性地提供慈善救助。例如，澳门街坊总会的紧急援助基金，包括有援助金和免息贷助金两种服务，供急需救助的贫困家庭申请。设立贷助金的用意在于顾及申请者的意愿和尊严，同时鼓励他们自强，即使日后无法偿还贷款也无须承担任何责任。

（三）物资、物料援助

物资、物料援助包括投资建设保障房、公租房，发放棉被、医药等生活用品，建设休闲娱乐场所和设施等。例如，鉴于澳门人口日趋老龄化的社会现实，澳门同善堂成立了专责小组，兴建“同善堂崔德祺主席纪念楼”以及通商新街47号、49号和51号楼宇，设立“同善堂长者活动中心”，并争取条件陆续于各区设立分站，结合长者的特点和需要，组织多元化活动，丰富长者晚年生活。

（四）服务供给

服务供给包括提供休养、医疗等慈善服务，保障最低生活水准等。以同善堂为例，成立之初，同善堂只是派发丸药，之后设立医疗赠诊。目前共有中西医生、医助护理员40多人，中医开设内科、骨科、妇科以及针灸科，西医设内科、儿科、五官科、牙科、妇幼保健等，来配合政府医疗部门进行初级医疗护理服务。同时，同善堂还提供免费教育和免费托儿的服务。

三、澳门地区慈善事业的监督

对慈善事业进行监督管理，是培育和发展澳门慈善事业的保证。各种监管机制，虽形式有所不同，但其遵循共同的原则，拥有相同的目标，逐步形成了一套完善的监管体系和机制。

慈善立法依赖各地特定的政治环境、文化背景和地域空间。就澳门而言，其慈善立法植根于中华民族的传统文明、符合中华民族和澳门民众的根本利益，立足、回应并解决澳门现实存在的社会问题，换言之，澳门的慈善立法是同澳门的经济、政治、文化和社会制度相适应、相兼容，支撑并受制于这一制度的。

（一）政策法律规范

近年来，澳门的慈善立法取得了较大的进展，形成了由法律、法令、行政法规、训令、行政命令以及批示等构成的多层次慈善法律体系。其中，澳门《民法典》规定了慈善组织的法律地位，《结社权规范》规定了慈善组织的内部治理规则，有关政府资助的内容则主要由第11/96/N号批示及各政府部门制定的相关行政性规章来规范。具体的内容在“澳门慈善事业监督”部分另作说明，此处不再赘述。

（二）组织内部规管

完善慈善组织的内部监管机制，是慈善事业良好运行的根本保证。澳门慈善组织的通行做法是：

1. 设立专门的监管机构和人员

在监管主体上，主要包括理事会和监事会。其中，理事会通过掌握组织重要信息、挑选合适人选、内设不同职责机构、利用会议等多种方式实现自身的监管职责；监事会作为慈善组织内部的专门监管机构，通过制订监管方案、检查财务账目、提出检查报告、协助落实整改意见等方式履行监管职责。

另外，有的慈善机构还会建立协调机构，如慈善总会或某种专门的慈善团体协会，统筹监管慈善组织的活动，维护慈善事业的规范运行。

2. 建立和完善内部的规章制度

慈善组织内部的规章制度，是各慈善组织依据国家有关慈善组织的法律、法规，结合本组织的特点和工作需要而制定的旨在规范组织内部运行活动的制度和方法。建立和健全组织内部的各种规章制度，是贯彻和落实慈善事业法律政策的重要基础。

澳门慈善组织的内部规章在组织章程、财务制度、信息披露、人员奖惩等方面都取得了一定程度的发展，尤其是一些大型的慈善组织，其内部规章制度的建设日臻完善。例如澳门工会联合总会于2005年出台了内部章程，详细规定了组织的宗旨、会员的权利义务、组成机构的职责、经费管理等内容，在该组织事业运营中发挥了良好的制度效应。

（三）社会公众监督

社会公众监督是慈善组织监督管理机制中至关重要的组成部分。充分发挥社会力量的监督作用，是慈善组织监督管理机制的发展趋势。

澳门的社会公众监督主要包括以下三个方面：

1. 捐赠者与公众的监督

每个公民都拥有对慈善捐款使用情况的知情权。一方面，慈善组织会通过一定的方式向公众宣传自己的社会价值，公布自己募集资金和实施项目的状况，接受社会公众的咨询、查询，使其运作透明化；另一方面，慈善法规与政策也强调畅通社会监督渠道，从制度上予以保障，增强公众监督的主动性。在澳门，社会公众一直发挥着重要的监督作用，民众不仅具有强烈的慈善公益之心，同时也以一种负责任的公民意识对待自己的募捐。

2. 媒体的监督

媒体是公众获取信息的主要渠道，普及范围广、影响力大，具有导向作用和威慑作用，媒体的监督能够对慈善公益组织的管理者形成强有力的约束。澳门媒体一直发挥着重要的舆论监督和引导作用，通过各类媒体的作用，建立起社会监督的网络化平台。如《澳门日报》等媒体经常会刊载慈善组织开展活动、资金使用等情况，以方便民众监督。

3. 独立第三方评估

西方慈善公益事业发达国家都很重视独立的第三方评估的监督。例如美国建立了独立的第三方评估制度，它不仅有利于好的慈善公益机构更好地发展，还会淘汰不良的慈善公益机构，促进慈善公益事业健康发展。目前，这一机制已被澳门部分慈善组织引入。

四、澳门政府在慈善事业运行中的作用

澳门早期的社会救助和服务模式呈单向性，主要依靠民间组织，政府几乎没有介入。1930 年，澳葡政府颁布了《救济印花税法规》，并于 1938 年设立了“慈善救济委员会”。这才有了官方的社会救助工作。

尽管如此，随后的半个世纪，大量的社会救助工作还是由宗教组织和华人社团承担。1974 年，葡国发生民主革命，宣布放弃殖民地化政策，于 1979 年将“慈善救济委员会”改为“社会救济处”，并于 1986 年重组为“社会工作司”，澳门回归后改称为“社会工作局”。[①] 从这时起，政府才逐渐承担起主要的社会救助责任，并依法为贫困家庭和不幸的人提供各种公共援助。同时，政府也加强了对民间慈善组织开展社会服务的资助和管理。

在澳门慈善事业发展中，政府通过技术援助、财政资助、设施设备或物料的让与等手段，对整个社会的福利事业、慈善事业发挥至关重要的作用。社会工作局承担扶持和发展慈善事业的职能，已经成为澳门整个慈善事业的中枢神经。以慈善组织的经费来源为例，而慈善组织与政府的合作也经历了从被动到主动、从消极到积极、从零星具体事务到宽领域全面合作的转变。

---

① 澳门社会工作局官方网站 http：//www. ias. gov. mo/。

（一）澳门政府对慈善事业的技术援助

澳门政府对慈善事业技术援助的内容主要包括以下三个方面：一是协助制订开展活动的计划、组织及评估；二是提供有效的培训；三是协助提供开展活动所需的有关资讯及文件。

在援助方（即澳门社会工作局）和被援助方（即相应的慈善组织）之间的权利义务关系上，依澳门特别行政区第22/95号法令规定，澳门社会工作局的职责包括：协助草拟及更新技术规定以及其他内部规章；推动人员的技术培训及专业进修活动，并尽可能协助或开展相关活动，提供必要的技术资讯。

而获得援助的慈善组织则需履行以下义务：将其活动计划与澳门社会工作局的社会工作计划相协调；遵守澳门社会工作局出台的技术规定，并遵守其在监察及检查活动中的提议；在规定期限内，向澳门社会工作局提供资讯、统计资料及跟进评估开展活动所需要的其他文件资料。

（二）澳门政府对慈善事业的财政资助

澳门慈善机构从事慈善事业的经费主要来自财政拨款。如前所述，社会工作局对民间慈善组织的财政资助，包括定期资助与不定期资助。具体地说，社会工作局的财政资助是通过共同分担以下负担而得以实现的：一是慈善组织运作上的经常性开支；二是投资性开支；三是由慈善组织偶发活动所产生的开支。

1. 经常性开支的分担

根据澳门相关法规，所谓运作上的经常性开支，主要是指慈善组织在正常开展慈善活动时所产生的支出，包括人员及装备开支，以及专用于开展慈善活动的设施或设备保养及维修的开支。对于经常性开支，政府财政予以共同分担。主要形式是由特首根据受援助组织的收入及已获得的其他共同分担或补贴而批示作出；另外，财政上所共同分担的金额一般按照双方合作协议所确定的限度，慈善活动所需社会设备的数目，在澳门社会工作局的建议下定期作出相应修改。在履行方式上，一般为每月共同分担财政支出，若双方另有协议的，则不受此限制。

为获得上述资助，有关慈善组织通常会在规定期限内，提供评估及确定财政辅助所需资料，尤其是章程规定的年度预算提案及活动计划，每月收入及开支表，设备使用者的最新名单，在职人员表。

2. 投资性开支的分担

所谓投资性开支，主要是指用在取得、建造、改造或改善专用于开展慈善活动的设施设备上的支出，同时也包括那些因性质及价值而不视为经常性开支的设施维修及保全工程的开支。

澳门相关法律规定，慈善组织提出投资性支出申请应在每年1月1日至3月31日，或7月1日至9月30日之间，并向社会工作局提交如下材料：经核准计划取得的建筑或单位，或计划将实施的工程；设施使用计划或将实施工程的叙述备忘；取得楼宇的价格提案；如果为工程，则应至少由三个专门实体提交有关预算；自我提供资金指示，以及倘有其他实体共同分担取得或进行工程总费用的指示。

社会工作局在审议慈善组织的申请时，通常会考虑以下几个方面：用于社会实际需求计划的意义；欲获得该项共同分担的慈善组织所开展的相关活动以及决定给予慈善组织共同分担时的经济及财政上的适时性。

至于投资性开支的履行方式，通常采取分期给付的方式，每一次给付均取决于每一期实施工程的完成。另外，通过澳门社会工作局提供的财政辅助而取得、建造、改造或改善的设施设备，只有在取得社会工作局同意后，方能转让。

3. 因偶发性活动所产生的开支的分担

所谓因偶发性活动所产生的开支，主要是指慈善组织在回应社会需求时，开展一些非长期的特定慈善活动时所产生的开支。根据澳门相关法律，慈善组织若想要获得该项开支的分担，应在开展活动 60 日前向社会工作局提交申请。在获得开支分担后，受资助慈善组织应在活动结束后最多30 日内，拟定共同分担活动的详细报告，并将其提交给社会工作局。

社会工作局对偶发性活动的财政资助享有监察权。若发现慈善组织存在以下情形，可中止财政资助：不遵守澳门社会工作局在监察活动中所制定的技术规定；不履行法定义务及合作协议所规定的义务；使用款项的目的偏离财政资助的目的；受资助慈善组织所开展的活动已经终止或中止，或者该组织实体已经消灭的。在中止财政资助后，有关慈善组织应立即退回不应受领的款项，且并不影响其可能承担的民事及刑事责任。

（三）澳门政府对慈善事业的物质让与

物质让与也是澳门政府扶植和鼓励慈善事业、慈善组织发展的途径之一。慈善组织若要取得设施设备或物质让与，须具备以下几项条件：

（1）澳门社会工作局让与设施、设备或物质，取决于根据第 22/95 号法令规定所签订的合作协议。

（2）设施、设备或物质应用于指定的目的。

（3）受让慈善组织应以一个善良管理人所应有的注意，负责保管所接受的让与设施、设备或物质，并承担由于不当或过失使用所造成的损害或破损的赔偿责任。

（4）受让组织承担所让与设施、设备或物质的保全及维修工程。

（5）对让与的设施、设备或物质进行保全及维修工程时，必须获得社会工作局的许可，但紧急情况除外，紧急情况过后仍须立即通知社会工作局。

根据澳门特区第22/95号法令规定，社会工作局对运作中的经常性开支和设施、设备或物质的让与，都会与受助组织所属的团体签订书面合作协议，协议内容一般会载明：给予辅助的形式；签署当事人的权利及义务；载明让与设施、设备或物质的规定及条件，但仅以有让与的情况为限；执行的跟进及评估程序；不履行协议时，可予以处罚。协议书须由社会工作局局长、受助组织代表签署。协议书及有关附件应一式两份，签署方各持一份。协议自订立次月起1年内有效，并于协议期限届满或续期期限终止之日起90日内，签署当事人均未提出终止协议的情况下，协议则自动续以相同的期限。当然，前述规定并不影响当事人另行商定协议有效期或存续期间。

法令还规定，在受助组织的实体消灭或用于开展活动的设备消灭或提供的服务终结的情况下，协议自动终止。如果所发生情节的性质使得合作不能继续进行，则协议的任一方签署人可以解除协议，但必须至少提前60日前提出，尤其是当协议订立所依据的前提发生改变、严重或屡次不遵守协议条款或适用的法律规定时。在给予的资助没有用于规定的目的或受助组织所提供的服务与一般要求的质量标准不符的情况下，澳门社会工作局也可以解除协议，并自通知之日起产生效力。

（四）澳门政府为慈善组织发展提供制度保障

慈善组织存在的合法性来源于制度保障。澳门政府为慈善组织的发展提供了明确而具体的制度保障。

从基本法层面来看，《澳门特别行政区基本法》中明确规定，澳门特区居民享有结社和组织工会的自由，有依法享受社会福利的权利；宗教组织可以依法开办福利机构以及提供其他社会服务；社会服务团体可以自行决定其服务方式；特区政府根据需要和可能，逐步改善对民间组织的资助政策。这些宪制性的法律规定，有效地保障了澳门慈善组织的社会救助和社会福利工作。

从澳门当地法律来看，目前澳门的慈善法律制度主要是第24/99/M号法令、第6/2007号行政法规以及第22/95号法令。第24/99/M号法令是澳门社会工作局组织法，对社会工作局的职能及工作范围予以规定，包括其对慈善组织的资助义务。第6/2007号行政法规是《向处于经济贫乏状况的个人及家团发放援助金制度》。第22/95号法令《辅助从事社会活动之私人实体之规则》，直接指向对慈善组织的辅助，其中规定了特区政府（或社会工作局）对慈善组织的三种主要辅助形式，即技术援助、财政资助、设施设备或物料让与。之后，澳门社会工作局于2000年9月推出了一份《民间福利机构、社团偶发性活动——财政资助申请指引》，对原法令起到了补充作用。

除此上述法律之外，社会工作局还出台了一系列政策，为民间慈善组织预留了充足的发展空间。例如，在硬件方面，加强了服务规划、人力培训、专业技术和优质服务管理的举措；设立多项资源直接资助慈善组织，委托慈善组织负责营运；设立顾问服务，提高社会服务设施在管理上和服务质量上的现代化。在软件方面，特区政府加强社会服务的行政改革、研究规划、优化资源投放、设立服务标准、监督服务素质、提供技术辅助、加强人力资源培训和拓展优质服务。

第四节　澳门地区慈善法律规范

慈善立法与各地特定的政治环境、文化背景和地域空间密切相关。就澳门而言，其慈善立法植根于中华民族的传统文明、符合中华民族和澳门民众的根本利益，立足、回应并解决澳门现实存在的社会问题。澳门的慈善立法是同澳门的经济、政治、文化和社会制度相适应、相兼容，支撑并受制于这一制度的，尤其是政府在慈善组织发展中的重要作用得到了集中体现。

近年来，澳门的慈善法律规范取得了较大的进展，形成了由法律、法令、行政法规、训令、行政命令以及批示等构成的多层次慈善法律体系，从宣告成立、规范内部管理、规范政府对慈善组织的直接资助和间接税收优惠等方面，全方位地健全了规管制度。

一、有关慈善组织成立的法律规范

澳门慈善组织法律地位的取得是由澳门《民法典》规范的。按照《民法典》规定，澳门社团法人资格的取得遵循规范性认可方式中的特许性认可方式，即慈善组织成立须由政府有关机构发出成立许可，方可取得法人资格。根据澳门法律第 11/96/M 号《宣告以社会总体利益为宗旨，且与本地区行政当局合作之私人团体或财团为行政公益法人》的规定，与本地区行政当局合作推动社会一般利益以及按该法律规定，被宣告为行政公益法人的私人团体或基金即属行政公益法人。

（一）行政公益法人的宣告要件

第 11/96/M 号法律规定，作为行政公益法人的团体或基金应当同时具备下列实质要件：

1. 按某人尊亲、性别、种族、语言、原居地、宗教、政治信仰或意识形态信仰、教育、经济状况或社会条件，不任意予以优惠、使得益、损害、剥夺任何权利或豁免任何义务；

2. 在推展其活动时显示其公益性质，并为着实现其目的而与行政当局合作予以推动和发展。

除此之外，主要为其会员利益而运作的团体也可被宣告为行政公益法人，倘基于其宗旨明显在促进社会一般利益的活动和具备上款所规定的要件。

（二）行政公益法人的时间性要件

第11/96/M号法律规定，推行慈善或人道；医院援助；对幼儿或老年人的辅助；教育、文化、康乐及体育；科学及技术研究团体或基金得于成立后随即被宣告为行政公益法人。其他的团体或基金，经三年实际活动后方能获宣告为行政公益法人。

（三）行政公益法人的宣告程序

第11/96/M号法律规定，行政长官具有宣告为行政公益法人的权限。行政长官为审批目的可以向任何公共或私人实体提供意见。因此，欲被宣告为行政公益法人的法人应附同必需的资料向行政长官申请。如果在法定期限内行政长官没有作出最后决定，推定为宣告为行政公益法人的申请不获批准。对不批准的按一般规定申诉。当妨碍批准的因素消除而符合条件后，可以再提要求，但不得在通知不批准之日起计一年内提出。

（四）行政公益法人的宣告内容及方式

第11/96/M号法律规定，申请机构在宣告为行政公益法人时可以附加条件及提议，但须符合法人的性质及其目标。行政公益法人的资格由行政长官以批示授予且在政府公报内公布。行政公益法人将获发证书，格式由行政长官核准。

以第34/2003号行政长官批示，赋予“澳门中华妈祖基金会”行政公益法人的法律资格为例，其宣告格式是：

第34/2003号行政长官批示，赋予“澳门中华妈祖基金会”行政公益法人的法律资格。

行政长官行使《澳门特别行政区基本法》第五十条赋予的职权，并根据八月十二日第11/96/M号法律第四条和第六条第二款的规定，作出本批示。

鉴于“澳门中华妈祖基金会”申请宣告成为行政公益法人（其章程刊登于一九九八年十一月十八日第四十六期《澳门政府公报》，经修改后于二零零二年十一月二十日第四十七期《澳门特别行政区公报》刊登）。

经审查有关档案，上述基金会具备一切法律规定的要件，是一非牟利团体，其宗旨在于推广中华文化、研究、教育、社会及慈善活动及保存澳门的独特文化，特别是致力弘扬妈祖文化，这些宗旨与行政当局在该领域的目标相同。该团体成立至今一直通过组织各种活动来实现上述宗旨。

基于此，赋予“澳门中华妈祖基金会”行政公益法人的法律资格。

二零零三年二月五日

代理行政长官　陈丽敏

（五）行政公益法人的登记

根据第11/96/M号法律，行政公益法人的宣告须在公布后进行专门登记。登记的内容包括：

1. 宣告为行政公益法人的组成或创立行为，以及有关规章及其修改。

2. 有关董事及其他合法代表的选择、委任、续任或罢免。

3. 由行政公益法人发予有关人员及受托人的委任状，其修改、更新、废止或放弃。

4. 行政公益法人的消灭或行政公益宣告终止的任何其他原因，及有关的组成或创立的宣告无效。

（六）行政公益法人行政公益性质的终止

第11/96/M号法律中还就行政公益法人行政公益性质的终止进行了规定，在法人消灭或是法人放弃或是失去宣告的必需要件或没有遵照宣告为行政公益法人时附加的条件及提议，经行政长官作出决定的情况下，行政公益法人行政公益性质终止。行政公益宣告的终止，在特区政府公报公布，且依职权登记。在法人放弃的情况下，行政公益宣告终止，并应履行因该项宣告而在过去五年取得豁免的税务及手续费方面的义务，以及偿还在该期间内因上述原因而取得的优惠。

二、有关慈善组织社会义务的法律规范

根据澳门法律第11/96/M号，行政公益法人有义务，在不妨碍载于有关通则或法律的其他义务下，按法律规定提出年度报告及过去的营运账目；向有权限的官方实体提供所要求的资料；在能力范围内遵照其性质与行政当局合作；将通则的任何修改告知行政长官。

三、有关慈善组织内部治理的法律规定

在澳门，《结社权规范》（澳门第2P99PM号法律）第三条明确规定，社团内部事务实行自决原则，不受公共权力的干预。但是，作为承担权利与义务的法人，社团内部治理结构及其行为必须符合有关法律要求。按照《结社权规范》、《民法典》的有关规定，澳门社团的法定机关主要有社团会员大会、行政管理机关和监事会。慈善组织亦从此规定。

四、有关政府对慈善组织直接资助的法律规定

澳门政府部门对慈善组织直接资助是通过第11/96/M号批示以及各政府部门制定的资助相关范畴内民间社团的行政性规章来规范的。第11/96/M号批示指出，对政府部门直接参与范围以外所发展的活动给予财政资助，应列为施政方针之重大目标，目的在实现民间社会的计划，鼓励民间社会创立事业的能力和公民参与。该批示确认的政府财政资助对象为以发展公益活动为宗旨、依法成立的不牟利私人机构，也就是说，非营利的社团法人可享有财政资助。对此，前文已有介绍及援引，此处不再赘述。

值得一提的是，澳门有关法律中还特别规定了社团接受政府财政资助的监督细则。

在过程上，除了资助审批所作的程序监督外，事后监督还包括受资助活动举行后三十天内，受资助者应向主管部门提交简单报告，汇报活动的举行并详细说明所获津贴的运用，倘拨给的津贴未在相关活动中用罄，应就余款的运用提出建议，并须得到发出津贴部门的核准。

此外，第11/96/M号批示、《结社权规范》第十九条还分别对资助活动的政府与社团特别设置了以公开透明为原则的外部监督形式，即发

出资助的政府部门及自治基金组织应于1月、4月、7月及10月在《政府公报》刊登过去一季的资助名单，指出受资助者及拨给之金额；社团收取公共实体的津贴或财政性质的任何其他资助，金额高于行政长官所订者，须每年将账目于其通过后翌月公布，公布应刊登于本地区注册的其中一份报章上。近年，特区政府更加强化对公共部门向社团机构发放财政资助的监督，于2002年引入审计督察。澳门特别行政区审计署于2003年11月发表了《公共部门向社团发放财政资助的研究》审计报告，研究及分析公共部门对于财政资助的处理、发放及监管，并提出了多项批评与建议。①

五、有关慈善组织免税和其他优惠的法律规范

在澳门，慈善组织税收优惠资格的确认适用于统一法律、统一条件，且优惠范围广泛。

按照第11/96/M号法律的规定，以社会总体利益为宗旨，且与本地区行政当局合作推动社会一般利益的社团或财团（基金会）可被宣告为行政公益法人。该法第十条规定，社团或财团一旦获宣布为行政公益法人，便享有法律规定的税务及手续费的免除以及其他优惠，尤其是印花税、物业税、营业税、为履行其目的所必需而以有偿方式取得的不动产的登记税、诉讼费及法院费用、公证署及登记局的手续费以及免费在《政府公报》上公布有关通则的修改之优惠。相应地，作为平衡其权利的义务，该法第十一条规定，对获宣布为行政公益法人的社团或财团要求按法律规定提出年报及过去的营运账目、向有权限的官方实体提供所要求的数据、在能力范围内遵照其性质与行政当局合作等。

---

① 澳门特别行政区审计署网站 http：//www. ca. gov. mo/cn/download/access_ list. php？sid = 4if2uu75364oc1jif3v1pavn96&r = 4&p = 8。

第三章　台湾地区慈善事业的运行模式

第一节　台湾地区的慈善文化与慈善事业的历史发展

一、台湾地区的慈善文化

台湾本土的慈善文化源自于移民社会的背景，大致发端于明末清初。长达四百年积淀形成了台湾“乡土乡亲”的慈善文化。

郑成功收复台湾时期，大量内陆移民在战乱中度过台湾海峡。当时的渡海移民大概都有两个共同的特点——一是“忠”，即对明朝眷念的忠义之心；二是“勇”，即开天辟地的勇气。移民到一个新地方，面临生死存亡的挑战，所以一定要互助相守，以有济无，安危与共；中华文化中所谓“守望相助”、“疾病相扶”、“有无相贷”的精神因此展现。升斗小民为了生存，自然形成一股存亡与共的“生命共同体”。这种发端于孔子儒家思想的“仁爱”精神与自助、助人的现实需求，是台湾慈善文化的起源。

清朝统一台湾以后，台湾的慈善文化得到了进一步发展。当时，官府会请专人掩埋无名尸，而社会上也会有很多善心人士捐土地、捐棺木。当时台湾“义冢”的数量，远远超过同时期的大陆；原因是清廷禁止移民携家眷来台，来台湾的垦荒者都是男性，没有建立起宗祠，无法像大陆一样发挥宗族的力量。正因为这种社会历史条件以及早期移民生活的穷困，才发展出了“孝子会”、“父母会”或“白衣会”等丧葬互助制度：一个村或者一个里，每户每年缴一笔钱，集合起来供有需要的人家紧急用度。例如家中有人往生，就从会里提出钱来安葬，其他人会做棺木的做棺木，会刻墓碑的刻墓碑，或做苦力抬棺木。可以说，这种互助、慈善的关怀精神，一直深藏在台湾社会底层，活络在每个人的生活中。

其后，经过日据时期和内战后的发展，台湾已经形成了以“乡土乡亲”的血缘、地缘感情为基础，以“舍”为核心价值的慈善文化。“舍”的含义是——我拿了以后，将来有能力要付出更多。现在台湾社会很多慈善团体都抱持这种核心价值行善。在这种浓厚的慈善文化熏陶下，台湾的慈善事业取得了巨大发展，民间“做善事”的氛围甚浓。做善事主要通过两个渠道：一是做“志工（志愿者）”，据2009年发表的一份研究报告，目前台湾约有18%的民众参与志工服务，最积极参与的人群是大学生和中年人，志工为公益慈善事业提供了丰富的人力资源；二是捐款，台湾的民间捐款金额非常可观，一年的捐款额高达435亿元新台币（将近100亿元人民币），是公益慈善事业的主要资金来源。这些捐款大多给了5家知名度最高的基金会，单是慈济基金会一家就达200亿新台币，另有家扶基金会20亿新台币，世界宣明会10亿新台币，善牧基金会和励馨基金会各1亿多新台币，其他200多亿新台币由其他基金会分享。

二、台湾地区慈善事业的沿革与发展

台湾地区的慈善事业发展与台湾岛的变迁息息相关①。

台湾自古以来就是中国神圣不可分割的领土。早在1700多年前的三国时期，孙吴政权就于黄龙二年（230年）派遣大将卫温率船队到达夷洲（台湾的古称），这是大陆与台湾交通的最早记载。此后，海峡两岸在经济、文化等方面的交流十分频繁。至隋唐，东南沿海诸府县已有相当数量的人口渡海移民，开发台湾。13世纪，蒙元定鼎九州，威及四海。为加强对台湾、澎湖列岛的管辖，至正二十年（1360年），元政府在澎湖设置巡检司，进一步密切了台海间的联系。17世纪中叶，荷兰殖民者一度窃据台湾，旋由郑成功在顺治、康熙之交（1661年~1662年）收复。至此，基于统治与行政管理的需要，大量大陆移民进入台湾岛，在加速台湾地区社会经济发展的同时，也促进了台湾地区慈善事业的产生与发展。

清政府统一台湾之后，康熙二十四年（1685年）始设台湾府，领台湾（今台南）、凤山（今高雄）、诸罗（今嘉义）三县。为揽民心，示惠恤，同年，三地知县依清律设立了养济院，这是台湾社会慈善事业之始，成为台湾地方慈善福祉发展史上的一个重大事件，具有里程碑的意义。17世纪末至19世纪中后期，台湾的慈善活动由最初的恤老、义葬逐渐扩展到育婴、助丧、义渡等多个方面，形成了一个从生到死，济贫疗病的相对完善的救济圈。明末清初，战乱连绵，又因大陆东南一带人稠地狭，民无计为生。浙、闽、粤诸省一些沿海居民便先后随郑成功

---

① 《经典杂志》编著：《台湾慈善400年》，经典杂志2006年版；陈萍、梁新潮："福建非营利组织的构建与发展——台湾非营利组织经验借鉴"，载《福建行政学院福建经济管理干部学院学报》2007年第3期；王茹："台湾的非营利组织与公民社会建构"，载《台湾研究集刊》2004年第4期。

渡海赴台。后来，清统治者为隔断郑成功等反清力量与内地的联系，曾颁布“迁海令”,[①] 强迫东南各省沿海居民内迁，但仍有一些苦于生存者不顾禁令冒险渡台。至康熙年间，台湾人数骤增，大量荒地得到垦殖。“开垦流移之众，延袤三千余里”。人口的激增，不可避免地产生了一些无业游民、无田流民。同时，贫困无助者、鳏寡无依者、孤幼无侍者数量亦在不断增加。这些社会现象的出现都给地方秩序的稳定带来了影响。同时，也对慈善事业提出了更大的需求。在清朝的200余年间，台湾的慈善机构不断得以完善和发展。至甲午战争前夕，社会慈善事业渐成规模。

进入近代，台湾地区开始出现了专门的医疗慈善救济机构。此前，台湾民众的伤痛病症多由惠民药局等传统善堂来施医给药，进行慈善救疗。随着鸦片战争结束后西方教会在华传教的合法化，洋教势力也得以进入台湾。他们在进行传教的同时，也兴办起医院、孤儿院、教会学校等慈善机构。同治四年（1865年），英国长老会传教士玛雅各在台兴建起第一所教会慈善机构——义诊所，为附近贫病者义务诊治。稍后，淡水传道所病院也于同治十一年（1872年）创立，其为加拿大长老会来台传教的牧师马偕所设，也向当地人赠医施药，不取分文，就诊者颇众。尽管教会设立医院等慈善机构的目的在于借行善事以博得中国人的好感，扩大教会影响，发展本土教徒，但客观上也在一定程度上减轻了台湾民众的疾病痛苦，对当地贫苦百姓的救济匡扶起了积极有效的作用。

1895年甲午战争结束，日本政府胁迫清政府签订了城下之盟——《马关条约》，随即派遣侵略军武装占领台湾，开始对台湾长达50年残

① 迁海令是中国清朝政府为对付明朝遗臣郑成功在台湾的郑氏王朝，以断绝中国沿海居民对其之接济。该措施直接导致了近代以来清朝的闭关锁国政策。

酷的殖民统治。这期间，日本殖民者恣意掠夺台湾的资源，极端无视台湾人民的基本生活，造成台湾经济的急剧衰退，也使得台湾社会原已存在的慈善机构遭到毁坏，慈善活动陷入停顿。

现代台湾社会的慈善事业，大致起步于20世纪50~60年代，发展于80年代，成熟于90年代。

20世纪50年代，政府在一定程度上重视下层民众生计，开始采取若干措施发展社会福祉事业。同时，随着经济的复苏，形成了一批收入稳定、富足有余的中产阶层；而近代台湾社会变迁剧烈，又深受中西方文化的影响，台湾慈善事业在现代有了新的时代背景。50~60年代，台湾民间社会的慈善机构重新兴起，并不断发展壮大。但是，当时台湾的慈善机构大多由政府授意成立，受到法律法规的严格限制，数量也不多。

20世纪80年代以后，随着经济的高速发展，有实力的企业纷纷建立基金会，推动了民间慈善组织的迅速发展。企业建立基金会的原因有三：其一，经济增长带来了诸多社会问题和社会矛盾，政府无力解决；其二，老一代企业家年迈退隐，纷纷以公益慈善为自己的第二事业；其三，在台湾当局被逐出联合国并与世界上大多数国家断交之后，以非政府组织的名义更好与世界各国打交道。可以说，由于台湾民间力量的壮大，促进了社会制度的改变，而慈善机构则能够弥补政府执行能力的不足。这种由下而上的民间力量展现，也成为台湾慈善机构发展的重要特色。

自20世纪90年代以来，台湾民间慈善组织涉足的领域更广，并且在环保、妇女、劳工等方面有全球化趋势。尤其是1989年“人民团体法”修正后，台湾民间慈善组织的发展势头一直不减，发展速度和规模都甚为可观。近年来，台湾地区民间慈善组织的慈善活动不断，发展态势十分可喜，且与大陆的联系也日趋紧密，相互支持与协作，表现出海峡两岸人民血浓于水的桑梓深情。

第二节　台湾地区的慈善组织

一、台湾地区慈善组织的设立

台湾地区的慈善机构很活跃，是社会福利服务领域的主力军。在台湾，民间公益慈善机构有不同的称谓或者术语，如："慈善组织"、"志愿者组织"和"民间公益慈善机构"等。在台湾的社会福利领域，民间慈善机构常常被称为"社会福利机构"。

目前，以较为广义的非营利公益慈善组织的概念计算，台湾地区共有财团法人（包括基金会和社会福利机构）将近4000家，社团法人（包括内政部登记的和地方的，以及私立医院、学校等）将近2万家。

1987年"解严"之后，台湾民间慈善机构在数量和性质上都有了明显变化。目前，台湾民间慈善机构的发展形成了一些特色：①

（一）理念普及化

台湾的慈善组织具有浓厚的草根基础。由下而上的民间力量展现，是台湾民间慈善机构发展的重要特色。民间慈善机构由于是民间办的，它们与居民的关系很密切，可以更灵活，更有效率地适应和满足居民的需要，从而也减轻政府负担。

① 李旭琴："'海西'非营利组织建构与发展的路径选择——台湾非营利组织发展的经验借鉴"，载《"中国特色社会主义行政管理体制"研讨会暨中国行政管理学会第20届年会论文集》2010年。

（二）服务专业化

台湾的慈善组织通常以务实的程序导向处理发展计划。随着台湾民间慈善机构的发展，其内部管理和对外服务都逐步走向专业化、精致化。台湾各种类型的民间慈善机构，活动内容涉及各个领域，从物质到人文关怀，从关注个人和家庭到关心整个社会的慈善事业，台湾的民间慈善机构已迈向专业化时代。慈善事业专业化对台湾民间慈善机构慈善人才专业化提出要求。20 世纪 90 年代，服务于民间慈善机构工作者的培训营、读书会、研讨会、训练营等课程不断推出，进一步提高了台湾民间慈善机构的能力和品质。

（三）活动社区化

台湾的慈善组织普遍具有田野发展和民众直接参与的经验。以前台湾的民间慈善机构主要集中于都市区，喜欢开展大型活动。近年来，台湾的民间慈善机构倡议进行社区扎根的工作，民间慈善机构的活动服务方式逐步走向社区化。如新港文教基金会，就以新港附近乡镇为主要服务范围，以繁荣地方、服务乡亲、带动文化、提升社区意识为宗旨，成果显著。

（四）视野全球化

长期关注与永续经营的理念是台湾慈善组织的特点之一。随着经济全球化及全球社会问题的凸显，台湾的民间慈善机构也把触角伸到了岛外，如慈济功德会、世界展望会和基督教青年会等从设立之初即希望建立全球的网络与联合，它们都向落后的国家或地区提供人道援助。民间慈善机构要寻求更多的协助、更多的资源，还有更多的讯息，必须往全球化的方向发展。而如今人类面临的共同问题，如艾滋病、药物滥用、环境污染等，不仅需要政府之间的相互合作，也需要民间慈善机构之间的相互合作。

二、台湾地区慈善机构的主要类型

台湾慈善机构的种类繁多，服务内容丰富。依据台湾地区“民法”、“人民团体法”、“特别法”以及宗教法规等，可将台湾慈善组织作如下分类：

（一）依据法人设立基础的分类

台湾地区“民法”将“私法人”分为“社团法人”和“财团法人”。社团法人与财团法人中都有慈善组织。因此，法人设立基础可作为慈善组织分类的标准之一。

1. 社团法人

社团法人是指成立基础为人的社会团体，又分为“营利法人”和“公益法人”，前者的资格取得有特别的规定，后者则被界定为以文化、学术、宗教、慈善等性质公益事业为目的的法人，具体可以分为以下几类：

（1）学术文化团体：以促进教育、文化艺术活动及增进学术研究为主要功能的团体。

（2）医疗卫生团体：以协助医疗服务，促进民众健康为主要功能的团体。

（3）宗教团体：以研究、实践宗教理论、宗教教义、启迪人心向善及办理助人济世为主要功能的团体。

（4）体育团体：以普及体育活动，推展休闲娱乐活动，提高体育水准，增进身心健康，研究体育学术为主要功能的团体。

（5）社会服务及慈善团体：以办理社会服务及慈善活动为主要功能的团体。

（6）对外交流团体：以办理对外交流活动，促进民间认识与联系为主要功能的团体。

（7）经济业务团体：以农业、工矿业、服务业等经济业务或相关学术的研究、发展为主要功能的团体。

（8）宗亲会：指姓氏相同者组织的宗亲团体。

（9）同乡会：指籍贯（以省市、县市区域为准）相同于行政区域组织的同乡团体、或区域同乡团体联合海外同乡团体组织知识界同乡总会。

（10）同学校友会：以联络同学校友情谊为主要功能的团体。

（11）其他公益团体。

2. 财团法人

财团法人是多数财产之集合体，一律为公益性质，如私立学校、教会、寺庙、基金会等。台湾的财团法人按其性质不同可分为13类，不同的财团法人由不同的机构主管。其细分类别通常包括：

（1）一般性财团法人。例如一般民间捐资成立的基金会，依台湾地区民法规定属于公益性质，其设立许可及业务监督归属于各业务主管。

（2）特殊性质财团法人。例如依台湾地区“私立学校法”成立的私立学校；依台湾地区“医疗法”成立的医疗机构、依台湾地区“宗教法”成立的宗教团体、依各种福利法规成立的社会福利机构，等等。

（3）政府捐资成立的财团法人，如海峡交流基金会等。

（二）依据资源来源不同的分类

1. 由知名人士捐资设立的慈善机构

由知名人士捐资设立的慈善机构大都为公益性的文教事业基金会，

例如邓丽君文教基金会和白晓燕文教基金会。

邓丽君文教基金会成立于1995年10月14日，是由中华电视台和宝丽金唱片公司以及日本TAURUS唱片公司，为纪念台湾著名歌星邓丽君而共同捐助设立。它以“推广并举办各项文化、教育、音乐、艺术等活动及公益慈善等相关事业及奖助”为宗旨，致力于提升台湾文化生活的品质。邓丽君文教基金会成立以来，怀着对社会的赤诚大爱，举办并奖励了全球华人社会各种相关的艺术活动，并对从事相关公益、文教、艺术活动的作者、公私立机关团体予以奖助或捐助。此外还努力改善及援助遭逢不幸的演艺文化工作人士，并热心服务于贫困地区，对贫困的弱势群体予以救助，改善其生活品质，为家境贫寒的学生设置奖学金及助学金。①

白晓燕文教基金会成立于1997年6月。当时台湾著名艺人白冰冰的女儿白晓燕遭绑票撕票，白冰冰遭遇丧女之痛，社会各界给予了鼓励与支持，帮助她走出悲痛。之后，白冰冰成立了此基金会，基金会以“营造安居乐业的社会，让孩子平安长大”为宗旨，致力于儿童与青少年MQ美德教育、办理妇幼安全教育活动、推广道德教育及家庭教育，出版及制作各类出版物以及举办有关掳人勒索的危机处理、绑票被害人及家属心理复健的学术座谈等。②

2. 地方团体设立的慈善机构

在台湾地区，有许多慈善机构是由地方社区及其团体兴办的。这类地方性民间慈善机构大都能够结合本地实际，挖掘和调动社区的力量，为当地弱势群体解决困难。他们形成了台湾社会重要的慈善公益组织。

如1994年成立的花莲高商教育基金会，就是以奖助花莲高级商业

---

① 财团法人邓丽君文教基金会官网 http：//feresa-teng. cn/。

② 财团法人白晓燕文教基金会官网 http：//swallow. jthotel. com. tw/。

职业学校的清寒学生，达成教育目标为宗旨的。[①] 彰化广成社会福利慈善事业基金会则是以兴办社会福利慈善事业为宗旨，以彰化县为主要服务对象。它通过设立老人安养中心的形式，收容台湾地区年满 60 岁以上的老人，日间照顾 65 岁以上的老人，以妥善照顾及休闲、文康、保健等活动，提供老人赡养环境，提供宁静舒适的颐养生活为服务宗旨。[②]

在台湾地区，比较有影响的地方性民间慈善机构，还有宜兰私立慈怀社会福利慈善工作基金会和台南私立庆美社会福利慈善工作基金会。宜兰私立慈怀社会福利慈善工作基金会成立于 1991 年，主旨是为当地中途辍学的青少年提供学习成才环境和安抚工作，研究与发展社会工作专业服务，结合社会资源，增进并落实儿童、少年福利。后为使在宜兰的服务经验加以扩展，又于 2001 年成立台北分事务所并于 2004 年完成法人登记。[③] 台南私立庆美社会福利慈善工作基金会则主要为台南县 6 岁前发育迟缓的儿童义务提供早期治疗服务。[④]

3. 宗教团体设立的慈善机构

台湾地区是全球宗教种类最多的地区之一。据统计，截至 2008 年年底，台湾地区共有已登记的寺庙与教堂 1. 4 万多座，信徒总人数 96. 8 万人；教会（堂）数计有 3262 座，教徒人数 57. 3 万人，登记在册宗教社团 27 种 680 多个。台湾各主要的宗教团体都开办有老人院、教养院、育婴堂、残障人服务机构、流浪者之家等，另外还不定期地开展急难救助、国际赈灾等活动。借由宗教的虔诚信仰，台湾地区民众捐款 80% 都

① 财团法人花莲高商教育基金会官网 http：//www. hlbh. hlc. edu. tw/。

② 财团法人彰化私立广成社会福利慈善事业基金会官网 http：//www. kuangcheng. org. tw/。

③ 财团法人慈怀社会福利慈善工作基金会官网 http：//www. tzhu. org/。

④ 财团法人庆美社会福利慈善事业基金会官网 http：//www. cmorg. org. tw/。

流向各类宗教基金会，以支持宗教团体兴办慈善与公益事业。[①]

台湾地区宗教性质的慈善机构基本上是由天主教会和佛教组织所创立的。

天主教会的知名慈善组织如天主教光仁社会福利基金会，是由天主教圣母圣心会台北敬教区捐资设立的。该会的服务理念是弘扬基督教博爱的精神，办理社会福利慈善事业，服务身心障碍者及弱势家庭。早期开启了台湾对心智障碍者的服务，之后拓展至心智障碍儿童的早期疗育到成人的日间生活训练及托育、夜间住宿服务等。[②]

佛教组织创办的知名慈善机构有慈济功德会。慈济功德会是台湾成立最早、影响最大的一个宗教慈善组织。该会最初以送药就医，助丧安葬为主要慈善救济工作。如今社会各界贤达均为其会员，目前是岛内闻名遐迩的慈善组织。近年来，慈济功德会的救济范围也在不断扩大，慈善项目不仅包括台湾岛内的救助活动，还向内地的救援工作伸出了友谊之手。目前，慈济功德会仅慈善救济一项年支付款约 2.4 亿元（台币）之巨，在很大程度上缓解了灾区的燃眉之急。[③]

三、台湾地区慈善组织的内部治理结构

台湾慈善组织的内部治理结构较为健全。[④]

（一）决策机构

根据台湾地区的“人民团体法”，社团法人类的慈善组织，最高的

---

① 甘满堂：“台湾宗教团体公益慈善事业概况及其对两岸宗教交流的影响”，载《宗教与世界》2010 年第 6 期。

② 天主教光仁社会福利基金会官网 http：//www. kjswf. org. tw/。

③ 慈济慈善事业基金会官网 http：//www. tzuchi. org. cn/。

④ 萧新煌：“台湾的民间福利机构——资源的网络与动员”，香港海峡两岸关系研究中心；张培新：“台湾宗教性非营利组织运作的社会资本考察——以慈济功德会为例”，2004 年博士毕业论文。

决策机关是会员大会。在社团日常运营时，由会员大会中选出理事数名组成理事会，再由理事或者常务理事中选出社团的理事长。该法明确规定社团应设置监事，监事与理事相同均由会员大会中互选产生。此外，社团机构可视需要自理事中设常务理事，以提升议事及决策效率；也可以设置监察人，负责监督机构内财务、会计及理事会的运作。同时，“人民团体法”规定社团的理事和监事必须是“无给职”，即不在社团内领取工资或报酬。

对财团法人类的慈善组织，如基金会而言，组织内最高的决策中心是董事会。董事长由董事互选产生，对外代表该会。基金会没有要求必须设立监事。与社团相同的一点是，基金会也可视需要自董事中设常务董事，以提升议事及决策效率；也可以设置监察人，负责监督机构内财务、会计及董事会的运作。此外还有些特殊的规定，如公益性质的基金会不得拥有 15 人以上的董事。

（二）执行机构

台湾地区慈善组织的执行机构通常是秘书处或执行长。秘书长、执行长或者总干事是社团或者基金会拟订方案、企划及执行机构决策的灵魂人物，规模较大的民间慈善机构可下设执行秘书以协助秘书长、执行长管理内部行政。至于那些不设执行秘书的机构，则由秘书长、执行长或者总干事直接负责一切会务的处理。而多数民间慈善机构都普遍设有秘书（干事）数名，以协助执行会务。

秘书处其他工作人员的人数和层级分配则视各团体及基金会的财力和需要而依章程聘任或雇用。较大的机构会设财务长、会计、出纳等专职管理财务，但也有些机构囿于财力限制，只能以秘书兼任会计或者出纳的工作。

（三）业务机构

在台湾，规模较大或业务面较宽的慈善组织通常会在执行长或秘书长下分设不同的业务单元。例如海峡交流基金会下设文化服务处、经贸服务处、旅行服务处以及综合服务处等6个业务单位。台湾公益组织教育基金会下设行政部、企划部、国际事务部以及专案中心等4个业务单位。①

四、台湾地区部分慈善组织简介

台湾地区的民间慈善机构经过了长期的发展，在慈善事业不断壮大的同时，也孕育了一批极具代表性的慈善机构。

（一）慈济功德会

慈济功德会是全台湾地区成立最早、影响最大的宗教慈善组织。1966年3月24日，由证严法师创办于台湾花莲县。它的缘起乃是受佛教教义中劝善教化、行善积德、普度众生之说的影响，奉“菩萨慈悲、济世救人”为怀而倡设功德善会。慈济功德会最初以送药施医，助丧安葬为主要慈善救济工作，广泛宣传，积极施济，匡助贫苦者。在证严法师坚定信念的感召下，慈济会员不断增多，由当初的30人发展到现在的300余万之众。会员最先多是一些家庭主妇，到如今各界社会贤达也名列其中，成为台湾岛内闻名遐迩的慈善事业。慈济功德会以慈善、医疗、教育、文化为四大志业。自成立以来，慈济会即数十年如一日坚持对贫弱群体进行慈善救济，对生活遭遇不测的人予以帮助，给贫困之家送去生存的希望。无数心怀慈念的人们被感动，纷纷解囊，或几块

① 台湾公益组织教育基金会官网 http：//www. ftope. org. tw/。

钱，或几千万元，共造慈济福业。慈济会员互济互助，携手并肩，共同耕耘这方福田。

近年来，慈济功德会的救济范围也在不断扩大，积极参与了1999年台湾“九·二一大地震”灾区的善后工作和重建工作，救济了大量孤老无依者，在台湾民众中树立起良好的口碑。同时也对大陆发生的灾荒进行捐资救济。1991年华东地区遭到特大洪涝灾害，慈济会首次到大陆赈灾，即向河南、安徽等省6万多灾民捐赠了大米、棉被等物资，还为3100户灾民援建了住房，修建学校12所，敬老院15所。1993年，湘西的桑植、永顺山洪暴发，受灾尤为严重，慈济功德会亦伸出援助之手，向灾区捐赠了人民币1600多万元的赈灾物资。目前，慈济功德会仅慈善救济一项年支付款约2.4亿元台币之巨，在很大程度上为受助者纾解了燃眉之困。慈济功德会秉持佛陀对众生平等的慈爱，于1984年始建医院。两年后，佛教慈济综合医院最终落成。除一般性的经营运作外，对于贫病者进行医疗救济，实施义诊或减免部分医疗费用。在教育方面，慈济功德会还创办了慈济护士专科学校、慈济医学院、慈济大学等院校，并资助贫困生而设立了奖助学金，让其顺利完成学业。在文化事业方面，慈济会广泛刊布善书，资助有关中华文化、佛教文化等书籍的刊印出版，扶助图书馆、博物馆等公共文化事业的发展，并发挥了越来越大的社会影响力。①

（二）天主教圣母圣心会

作为一个长期从事慈善事业的宗教团体，目前，台湾的天主教圣母圣心会下辖的慈善机构包括天主教私立慈爱残障教养院和天主教光仁社会福利基金会等。其中，天主教光仁社会福利基金会，2001年7月正

① 慈济全球资讯网 http：//www. tzuchi. org. tw/。

式成立于台北。但此前，天主教圣母圣心会已在台北、台中等地从事启智教育与社会福利工作四十年之久。它“以弘扬基督博爱精神，照顾弱小姊妹弟兄，办理社会福利慈善事业为宗旨”，自1950年以来，即在台北市万华地区、台北县板桥、金山、三芝及台中市等地陆续创办幼稚园、中小学，1971年又开始拓展到启智教育及包括贫困儿童与劳工服务的社会福利工作。1988年由地方教会成立光仁文教基金会接管经营上述各项事业，1998年始将社会福利事业独立出来，以求进一步发展。

经过数十年的经营和发展，光仁社会福利慈善事业已渐成规模，基本上涵盖由幼婴至老年各个不同年龄段的福利慈善设施。诸如育仁启智中心、圣心儿童发展中心（0~6岁），光仁幼稚园启智班（4~6岁），光仁小学启智班（7~12岁），光仁中学启智班（13~15岁），高职启智学校（15~19岁），育仁启能中心、龙山启能中心和怀仁职工中心（16~45岁）以及为45岁以上中老年人服务的八里圣心山庄老年安养中心。光仁基金会秉持其宗旨，珍惜社会资源及每一分捐款，努力用好每一笔经费，发挥慈善救济的最佳效益，在台湾岛内有着广泛的影响。[①]

（三）佛光山慈悲基金会

佛光山是台湾最大的佛教道场，创办人星云法师为提倡“人间佛教”之道，一砖一瓦建立起佛光山，成为台湾信众最多、最负盛名的佛教圣地。佛光山本着佛陀“无缘大慈，同体大悲”慈悲济世的本怀，创设“佛光山慈悲基金会”，提供各项免费服务，包括佛光诊所、云水医院、老人福利、儿童福利、残障福利、贫困病患医疗补助及举办义诊、低收入户之照顾、急难救助、僧伽病患医疗救助、贫困丧葬补助、

---

① 天主教圣母圣心修女会官网 http：//www. smgsh. tc. edu. tw/。

志愿服务之办理及推广、器官移植之补助，乃至大慈育幼院、佛光精舍、万寿园公墓、宜兰仁爱之家、崧鹤楼等慈善事业。

1950年，星云大师于宜兰雷音寺弘法时，在佛光山开始了育幼事业，当时办有托儿所和幼稚园，1970年亦即佛光山开山后第三年，大慈育幼院正式成立。大慈育幼院不刻意开放参观，不让“孤儿”两个字影响院童的幼小心灵，佛光山努力给院童们一个正常的生活空间，如一般家庭的儿童一样，能够健康、快乐地成长。

养老方面，佛光山于1967年从基督教手中接办“仁爱救济院”，经佛光山改名为“兰阳仁爱之家”后，专门收容孤苦无依的老人；1974年成立佛光精舍，主要对象为佛光山徒众的父母，以及对佛门有贡献的长者大德，使其晚年可以在清净的佛门圣地安住。

1976年，佛光山为嘉惠社会低收入贫困患者能接受完善的医疗照顾，于高雄寿山寺创办佛光诊所，两年后迁回佛光山，一直为本山、附近居民以及来山的信徒、游客服务，诊所内聘有专业中西医专科师掌理诊疗业务，以及做义诊服务。此外，佛光山又开办云水医院，让医疗走进家庭，走进村落，以箱型医疗车，载有法师、医师、护士、医药、器材，定时到各地偏远乡村小镇义诊，每辆医疗车的随行法师在看病之余，还专为病患心理辅导，几十年来受惠的病患不下千万。目前佛光山慈悲基金会每周均定期前往各县市医院，关怀院内的患者，到病榻床边鼓励、慰问病患，聆听病患的心声，亦即佛法慰藉其心灵，令患者以积极的心态面对生病的事实。

1986年起，佛光山慈悲基金会每年主办冬令赈济，发放赈济品，慰问低收入户，并配合义诊医疗及法师随行开示佛法。1991年开始与国际佛光会合作，慈善救济工作延伸至全球各地。佛光山全世界各道场与国际佛光会合作重大救济赈灾工作。协助斯里兰卡等南亚震灾及南亚海啸地区，捐款救助、祈福消灾及兴建孤儿院，这些关怀工作持续至今。5 月 12 日，大陆四川传出严重震灾，佛光山与国际佛光会世界总会第一时间率先捐出 1000 万元人民币给当地佛教团体救灾。①

第三节　台湾地区慈善运营

台湾地区慈善机构的成长与其良好完善的运营机制有着密切的联系。也可以说，台湾地区慈善机构在短期内的快速发展归因于良好的内部治理机构、完善的运营机制和健全的监督管理机制。

一、台湾地区慈善资金募集

对于慈善机构来说，非营利的性质决定了其必须要有一定的资金，才能从事各项社会服务活动。因此，资金的筹集是一个慈善组织生存发展、降低依赖性、创建可持续发展的前提和保障。② 一般来讲，台湾地区民间慈善机构的资金来源主要有三个渠道：一是财政拨款，即政府通过项目招标和购买服务等方式分配的社会福利经费；二是民间劝募的善款；三是慈善组织的服务收费。

（一）财政拨款

在台湾，政府部门主动拨款扶助慈善机构的情形比较少见，大多数的政府部门通过政策倾斜的手段来推动慈善机构的发展。这一点与香港和澳门不大相同。

但是，在某些情况下，政府也会直接对慈善机构进行资金扶持，与

① 佛光山慈悲社会福利基金会官网 http：//www. compassion. org. tw/。

② 米歇尔·诺顿著：《全球筹款手册——NGO 及其社区组织资源动员指南》（第一版），中国人民大学出版社 2005 年版，第 3 页。

慈善机构进行合作。比如，创立于 1982 年的“伊甸社会福利基金会”在全台 15 个县市设有服务据点，其有 50% 的经费收入来自于行政当局的补助。当然，政府对民间慈善机构的资金扶持受政策的影响很大。如果政策发生了调整，对慈善机构的业务也会产生影响。如 2003 年台北市政府的补助减少了一半，相应的“伊甸社会福利基金会”的经费收入就有了 1000 万的缺口，使该基金会在开展业务上捉襟见肘。[①]

根据台湾地区“内政部审查内政业务财团法人设立许可及监督要点”第五条的规定：“政府捐助基金累计超过百分之五十之财团法人，捐助机关应指派若干董事；其所占全体董事名额之比例，依捐助机关捐助基金占第一次登记财产总额时之基金总额比例为之，并不得少于全体董事名额二分之一。前项财团法人应置监察人，并由捐助机关指派若干监察人；其所占全体监察人名额之比例，依捐助机关捐助基金占第一次登记财产总额时之基金总额比例为之，并不得少于全体监察人名额二分之一。第一项之财团法人置有董事长者，捐助机关得报请行政院核定后指派一人担任之；置有秘书长、执行长、总干事或经理人者，捐助机关得推派人选报请行政院核定担任之。前三项人员之任免，自捐助机关书面通知送达财团法人时生效。政府捐助基金累计超过百分之五十之财团法人，其预算、决算依法报主管机关时，涉及财产总额之变更者，应同时报请主管机关许可或核实后，向该管法院为变更登记。”由此看来，大量接受政府资金扶持的民间慈善机构，政府与该机构的关系相比其他机构而言更为紧密。尤其是对于政府捐助基金累计超过百分之五十之财团法人，政府不但在一定程度上参与日常关系（指派董事、监事等），而且规定了更严格的监管制度（预算、决算报请主管机关许可或核备）。

---

① 肖杨、严安林著：《台湾的基金会》，九州出版社 2009 年版。

（二）民间劝募

在台湾地区，公益慈善机构可以自行组织社会募捐。尤其对于规模较大、知名度较高的民间机构，社会募捐是他们的主要经济来源。

台湾地区的“内政部”对所管的社会福利基金会及社团均要求有一定的基金数额，但各福利基金会及社团可以多于该基金要求的基金数额向“内政部”及法院登记。就登记的基金的来源而言，不论是基金会或者社团，个人捐赠和企业捐赠都是两大主要来源。除了募集登记资金外，慈善组织还会通过民间劝募来获得日常活动的经费。

在民间劝募中，值得一提的是台湾的联合劝募活动。联合劝募活动是指较小的民间机构服务根据需要提出申请，组成统一募捐联合团体，向公众募捐，然后由联合劝募机构经评估后对所获捐款进行合理分配。从国际经验来看，联合劝募已经不仅仅是一种筹款方式，而是一种优化社会资源的途径，即聚合社区资源，通过沟通协调凝聚共识，形成资源网络，从而使得资源得到最合理的配置。

联合劝募活动的产生有其特殊的历史背景。

20 世纪 80 ~ 90 年代初，台湾经济起飞，社会进入富裕阶段。台湾大众对于捐款活动参与度颇高，也有很多机构在进行自愿的募集。然而，利用善款之名行诈骗之实的事件仍时有所闻，因此产生了大众因为害怕被骗而减少捐款的情况。

1992 年，台湾地区的一批学者官员开始呼吁学习欧美等国的经验，建立“联合劝募”机制，更加有效并透明化地统合募集、合理分配社会福利资源。从初期的“台北联劝”到两年后的“中华联劝”，联合劝募作为社会大众以及社会福利服务机构间的中介者，以一个“社会善款的专业经理人”的形象，秉持着公开、透明、公正的原则，为大众的善款做把关的工作。

在联合劝募的发展策略上，台湾地区的中华社会福利联合劝募协会推出了“一日捐”、“商品销售比例”、“网络捐款”等各种便捷的募款方式。在这些活动中，联劝组织包括律师、会计师、学者专家等专业人士，频繁前往台湾各地的社会福利机构进行讨论沟通，协助提升这些慈善组织和服务机构提升慈善活动的策划、组织和执行、评估能力，从一开始诉求“捐款的便利性”，到逐渐强调组织的责任，之后逐步强调联合劝募资源分配的对象普及性，联合劝募在很大程度上提升了台湾慈善事业运营的水准和质量，使得整个慈善事业更加专业并具有了更高的公信力。①

对于联合劝募所得款项的分配原则，台湾联合劝募协会作出了相关规定，每年爱心捐款收入除捐款人指定专项专款运用外，85%作为社会福利机构之分配与相关业务之推动，其分配比例为：72%由审查委员会依审查计划审核准则分配及督导；10%得由常务理事会视社会需求审核、分配运用；3%作为上述业务推动之费用；15%提拨为急难救助基金，会务发展基金及经常性费用，其提拨比例为：2%为急难救助基金、13%为会务发展基金及经常性费用。②

（三）服务收费

服务性收费包括慈善组织的会费、直接向消费者销售其服务或从事其他一些产品销售等获得的收入和服务费，其中最主要的是会费收入。各慈善机构因其各自的宗旨及成立缘由不同，对会费及服务收费的规定各有差异，此处不再赘述。

---

① 陈文良：“资源动员与社区影响力 联合劝募全球标准的社会福利资源网络观点”，2007年国际慈善论坛演讲内容。

② 台湾社会福利联合劝募协会官网 http：//www. unitedway. org. tw。

二、台湾地区慈善资金使用

对于慈善组织而言，不论是社团还是基金会，最常见的固定支出基本上都以人事费、活动费、行政和杂项开支为主。其中，基金会依序为捐助、设备购置及房租或房贷利息；而社团则为出版、房租或房贷利息及设备的购置，基金会和社团的差异并不大。另外，有一部分的社团的支出项中还包括公关费用。

慈善组织资金的使用虽然不同于政府机关财政预算的使用，但是也受到一些主管机构或者慈善机构章程规定的限制。比如，针对基金会的资金基本上都是来自社会资源，为了保证充分回馈社会，避免“中饱私囊”，台湾地区基金会主管部门制定的监督原则规定：“用于与目的事业有关之活动支出，不低于每年基金孳息及经常性收入的百分之八十。”若基金会无法达到这一标准而虚报假账，则由主管部门主动提出要求查账。

值得一提的是，台湾地区的每个民间慈善机构都有一套自身的财务制度，完善的财务制度是维持民间慈善机构社会信任和永续运营的基础。在台湾的慈善组织中，慈济功德会的财务制度尤为受人称道：就大制度而言，一方面慈济将基金会与静思精舍中证严法师和常住众人的日常用度分立，另一方面通过电脑劝募系统列印收据给会员，并清楚告知所捐款项和用途。就小细节而言，在慈济志业中心设有财务处，下辖会计组、出纳组、劝募组、预研组。依据财务处公布的《劝募本作业、开立收据作业规则》，在每月定期募款作业中，委员持劝募本及收据向会员收取募款，将募款资料登记在劝募本上，并将上个月额收据交给会员。待募款收齐后，将劝募本及善款送至各作业区，经登记后，列印收据，发回劝募本、清单及收据，作为核对募款及向会员证明之用。①

此外，根据台湾地区有关法律的规定，民间慈善机构必须发布和保留有关于其收入和支出情况的法律证据，并保留财会记录，记录的正确性由相关审计部门负责审核。每年向税务管理部门提交财务报告，当地政府有关管理部门有权对慈善机构的财务报告进行审查。

三、台湾地区慈善监督

台湾地区慈善监督主要分为两个部分，一个是包括政府、媒体、公众在内的外部监督，一个是慈善机构自身的内部规管制度。

（一）外部监督

台湾慈善组织的外部监督有以下几个环节：

1. 设立程序

台湾包括民间慈善机构在内的非营利组织设立，采用的是双轨制，首先由业务主管机关核定设立许可，再由法院负责法人登记。一般来说，一个民间慈善机构的设立包括三个步骤：（1）发起人必须向适当的主管机关去申请设立许可；（2）财团法人需设立一个专款账户；（3）向地方法院办理法人登记。获得主管机关许可后，该组织即已具有合法立案之地位，但需完成法院设立登记手续后，才获得法人地位。只有具有法人地位的民间慈善机构，才能到税务局申请该组织的统一编号，以便获得免税及减税待遇。

2. 减免税资格认定

台湾所得税法规定，教育、文化、公益、慈善机构或团体，符合

① 慈济慈善事业基金会官网 http：//www. tzuchi. org. cn/。

“行政院”规定标准者，其本身所得及附属作业组织之所得可免纳所得税。依照规定，基金会的资金必须用于和创设目的相关活动的支出，且不得低于基金孳息及经常收入的 80%，否则依法扣税，若以任何方式对捐赠人或与捐赠人有关系之人，给予变相盈余分配，将无法享有免税优惠，或者从事与登记目的事业无关的营利行为，就和一般营利事业一样必须缴税。企业成立公益基金会合乎规定者，可以抵减企业营利事业所得税达 15%，个人捐助亦可获综合所得税抵减达 20%。

3. 组织结构与运作

民间慈善机构在设立时，要求其组织章程中明确规定组织的管理机构（董事会）组成、职权任期及运作方法以及对该组织的业务执行和检查的规定。这些规定在台湾财团法人的监督准则中，比较明显。通常规定董事人数为单数，最少为 5 人；规定 1/3 以上董事需具有相关专门知识，且不得有 1/3 以上之董事有配偶及三代以内血亲、姻亲关系，董事及监察人均为无薪给职；规定董事要出席定期开会，以尽财产管理之责；规定财团法人举办各种公益业务，应与其设立许可时所定之目的相符，并明确规定除依法律运用财产外，不得有分配盈余或营利行为，等等。

4. 诚信报告与审查

台湾法律规定主管机关对法人的业务有检查权。民间慈善机构的检查项目包括：(1) 设立许可事项；(2) 组织运作及设立状况；(3) 年度重大措施；(4) 财产保管及运作情形；(5) 财务状况；(6) 公益绩效；(7) 其他事项。但如果仅仅是主管机关对民间慈善机构的审查，一方面是效果不彰，另一方面会加重主管机关的负担。因此，扩大民间慈善机构提交报告的对象，可以提高民间慈善机构的诚信度和透明度。报告对象除了主管机关之外，还可以是组织内部的最高管理机构、税捐拘管、业务相关执照的核发机关、捐助者和社会大众。如此公开信息后，民间慈善机构受到了各方面的监督，可以促使民间慈善机构的自我规范。①

（二）组织内部规管

台湾地区慈善组织的内部规管通常都较为严格。其中，慈济功德会是公认的典范。作为一个民间慈善机构，慈济功德会每年能够募集的社会善款数额巨大，台湾个人募捐有近一半指向慈济，其重要原因之一就是慈济良好的诚信制度和完善的内部监督机制，使慈济取信于民，获得社会的广泛信任。下面以慈济基金会为例介绍慈善组织的内部规管制度。

1. 善款善事公开制度

（1）善款收支公开

慈济基金会成立的早期形成一个惯例，即透过《慈济》杂志及时向社会公开交代捐款的来龙去脉，几乎每期都会发布慈济功德会的财务收支状况。这在当时，是一个令人耳目一新的创举。为了进一步取信于信众，慈济更是把善款交给德高望重的社会名绅负责保管。

（2）做善事过程公开

慈济在做善事时的高效透明的管理运作，使信众有了相当高的信任度。信用度背后功德累积过程的透明化，是慈济吸引其他信众改宗的最重要原因之一。

2. 善款专项专用

除了公开财务之外，慈济基金会始终坚持公私分明，善款专用，把

① 何海兵：“我国台湾地区非营利组织的概况及发展特色”，载《理论界》2006 年第 1 期。

善款交到真正的救济对象手中，决不把善款挪作他用。这里的“专款”和“专用”包括两方面：

首先，作为慈济宗教崇拜的核心——比丘尼僧团不受供养，自力更生维持生计。其模范则由这一慈善团体的创建者与核心团队证严本人做出。有些义工在他们的感召下，对自己心智与体力的付出，没有要任何的物质回报。其典型为慈济人朝圣地——花莲静思精舍的建设，其土地最初是由证严法师俗家母亲在 1967 年出钱替她买下的，以后法师及弟子们自力更生，靠着做手工和土地抵押逐步完成，前后经过了 11 次的增建，直到 1999 年才有了整体性的规模。

其次，善款不用于投资生财，也不被出资人用于慈济志业之外的其他目的。当初，有人建议证严法师用善款去投资股票、房地产，可以增值资产，本上生利。但是被证严拒绝了，法师认为，慈济确实需要更多的钱。但是，钱不是慈济的最终目的，最重要的是唤起每个人愿意付出关怀的心。也正是坚持这种理念，在筹建慈济医院资金缺额高达数亿元时，证严坚决拒绝了日本人的 2 亿捐款。她认为，要通过慈济人一点一滴的辛勤付出，让医院成为我们的医院，而不是被大出资人所控制，防止将来大出资人的要求与慈济的理念冲突。这种做法确保了慈济的钱都是用来为慈善事业服务的，也与中台山、法鼓山等同样迅速发展的佛教道场有所区别，但与佛光山在一定程度上相似。

3. 产权与管理分离

在经营基金会的策略上，慈济把宗教性和非宗教性的慈善事业做区隔，由台湾的主流精英来筹办和管理，形成出资的法人产权与经营管理权的分离。这样，一方面解决了慈善组织在经营事业体方面，由外行领导内行可能带来的问题。另一方面，也利于在信众中树立善款善用的信心，为善款建立起安全的使用通道，增强信众对善款发挥作用的信心。

四、台湾地区志工制度

（一）台湾地区志愿工作的特点

与港澳地区一样，台湾地区的慈善事业中活跃着大量的志愿者，在2001年“志愿者服务法”出台前，台湾的志愿服务人士一般称为“义工”，“志愿者服务法”颁布后，也称为“志工”。目前台湾各地仍有“义工”、“志工”两者混用的情形。

根据台湾“志愿者服务法”，志愿服务是指“民众出于自由意志，非基于个人义务或法律责任，秉诚心以知识、体能、劳力、经验、技术、时间等贡献社会，不以获取报酬为目的，以提高公共事务效能及增进社会公益所为之各项辅助性服务”。这个定义同时指明了台湾志工服务的特色：参与对象具有广泛性，参与动机具有自发性，参与目的具有无偿性，参与目标具有公益性，参与性质具有辅助性。①

（二）台湾地区志愿工作的法制建设

台湾志愿工作的制度建设起步较早。1982年开始，“内政部”为了鼓励社会大众发挥助人精神，开始辅导各县市政府运用志愿服务人员来推展社会福利工作。1995年颁布了“广结志工拓展社会福利工作——祥和计划”，分别对志愿服务组织、教育训练、服务推展以及倡导奖励等内容予以规定。1997年颁布实施了“社会工作师法”，并将4月2日确定为台湾社会工作日。自1999年“9·21”大地震后，台湾的志愿服务得到了极大的发展，2001年1月4日“立法院”通过“志愿服务法”。

① 朱希峰：“遍地是志工——台湾社会福利服务中的志愿服务”，载《社会福利》2007年第2期。

在全球是第二个通过规范志愿服务法令的地区。“志愿服务法”颁布的同年相继出台了一系列的配套法规，如“志愿服务奖励办法”、“志愿服务证及服务记录册管理办法”、“志工伦理守则”、“志工服务绩效认证及志愿服务绩效证明书发给作业规定”、“志工申请志愿服务荣誉卡作业规定”等。志愿服务运用单位及其政府主管部门也制定了一系列规定，如社会福利类的“内政业务志愿服务奖励办法”、教育服务类的“教育业务志愿服务奖励办法”、劳工福利类的“劳工志愿服务奖励办法”、原住民服务类的“行政院原住民族委员会推动原住民族事务志愿服务要点”、环境保护类的“台北县政府警察局推动警察志工服务实施计划”等。其中对志愿服务的主管机关、业务主管机关、志工运用单位、志工权利义务以及志工应当遵守的伦理守则等内容均作了明确规定。

近年来，由于社会环境变迁、人民知识水平提高、社会公益需求增加以及大众参与公共事务的意愿增强，志愿服务逐渐成为台湾民众高度关注的问题，越来越多的民众加入了志愿者的队伍。由于具有较为充分的制度安排和较为健全的法律体系，台湾的志愿服务做得有声有色。

（三）台湾地区志愿工作的奖励政策

“志愿服务法”不仅规定了管理的内容，还制定了奖励政策，其目的是推动全社会对于志工人员的认可。例如，该法明确，“志愿服务表现优良者，应给予奖励，并列入升学、就业之部分成绩”。志愿服务满3年，服务时间达到300小时以上可以向地方主管机关申请核发“志愿服务荣誉卡”，持卡进入收费的公立风景区、未编订座次的康乐场所及文教设施，均可以免费。“志愿服务奖励办法”进一步规定，对志愿服务的奖励还包括发给职工绩效证明书、给予奖励、优先服兵役替代役，等等。还规定，志愿服务时间数达到3000、5000、8000小时以上的，还要举行公开仪式颁奖。

（四）台湾地区志愿工作的未来趋势

台湾社会工作与台湾的本土文化有着极其浓厚的关联，同政治经济的发展也密不可分。台湾本地研究者提出，“未来面对全球化趋势下产生的社会排斥与不均的现象，提出面对新局势的行动策略，成为新世纪无法回避的挑战。台湾未来社会工作的发展趋势，必须在本土化与国际化之间取得平衡”。一方面台湾纳入国际市场经济体系的步伐在加快，另一方面台湾还长期存在政治经济社会层面居于弱势与边缘化的人口群，如原住民、老年人、身心障碍者以及受虐者，这给台湾志愿工作带来了极大的挑战，志愿服务必须通过转变价值思维与工作方法来回应新的社会问题。

五、“台湾政府”在慈善事业运行中的作用

（一）“台湾政府”与慈善组织的关系

在台湾的慈善事业运行中，慈善组织的自主性很高，政府原则上要尊重慈善组织成立时的使命。但是，“台湾政府”与慈善组织之间主要还是互动关系。这种互动包括管制上的、财政上的、服务输送与政治性的。管制的互动包括资格的设定、服务标准的设定；财政上的互动包括资金的资助；服务输送包括信息的交换、转介、咨询、协调与规划、合营，等等；政治性的互动则是基金会的倡导与游说活动。

（二）“台湾政府”对慈善事业的税收激励

台湾的税法体系属于分税“立法”，在各税种的条款中分别针对民间慈善机构给予税收优惠（见表3－3－1）。

表 3-3-1　　对慈善组织免税的法律规范

法规	税目
所得税法、所得税法施行细则	个人所得税、营利事业所得税
教育、文化、公益、慈善机构或团体免纳所得税适用标准	公益团体所得税
营业税法	营业税
印花税法	印花税
娱乐税法	娱乐税
遗产及赠与税法、遗产税与赠与税法施行细则	遗产税、赠予税
土地税法、土地税减免规则、平均地权条例	土地税
房屋税法	房屋税
关税法	关税
使用牌照税法	使用牌照税
商港建设费收缴分配基金保管及运用办法	商港建设费
契税条例	契税

根据上述法律，台湾对民间慈善机构免税资格的确认无须组织事先申请，而是在民间慈善机构的业务主管部门核准成立后，由税务部门进行事后审查，只要审查通过，即可认定为符合标准的民间慈善机构，享受所得税免税待遇。这样做也使得“台湾政府”部门不便对具有免税身份的民间慈善机构给予高度而严密的监督，所以在台湾享受税收优惠的民间慈善机构在财务公开、接受公众监督、政治活动等方面与其他非营利组织一样，没有受到过多限制。

根据税法授权，台湾“行政院”于1979年出台了“教育、文化、公益、慈善机构或团体免纳所得税适用标准”，并对其进行多次修正。只要符合“适用标准”中规定的条件，民间慈善机构及其“附属作业组织”的非商业所得（包括接受捐助所得、利息、股利等）就能免税——依法设立；不分配利润及剩余财产给捐赠人或其关系人；不经营与其创设目的无关的业务；收支记录完全，财务保管与运用符合规定；

主要捐赠人及其配偶及三亲等以内的亲属担任董监事比例不超过三分之一；与其捐赠人、董监事间无业务上或财务上的不正常关系；用于与创设目的有关的活动支出应达到的比例限制。上述标准基本上可以将民间慈善机构与营利事业区分，为税收政策上的区别对待奠定了基础。

台湾相关法律还允许包括民间慈善机构在内的非营利组织成立“附属作业组织”，并通过其取得经营收入。所谓“附属作业组织”就是由非营利组织控制，具有独立核算能力的组织，当它与非营利组织合并申报所得税且符合“适用标准”的要求时，就能与非营利组织享有同样的税收待遇。税法明确规定商业所得原则上必须缴税，所以医院、研究机构销售商品或劳务的所得无论是否用于公益目的，都要缴税。但在实际操作中，台湾“财政部”的解释函令又允许非营利组织的商业所得扣除该组织其他非商业项目收不抵支部分后，如有余额，才对余额征税；若无，则该部分商业所得就不征税。因此，台湾民间慈善机构的商业所得很难被征税。

在税收征管的实践中，台湾的民间慈善机构享有的税收征管措施非常宽松。民间慈善机构不仅可以不办理税务登记，不使用统一的发票(包括公益捐赠发票)，而且符合条件的还免予办理结算申报，对于民间慈善机构未按时申报的情况，也一再给予“辅导”。

例如，根据台湾地区“所得税法”第 11 条的规定，包括民间慈善机构在内的非营利组织享受免税待遇的前提是“经向主管机关登记或立案成立者为限”，可见民间慈善机构的设立在取得主管机关许可后向地方法院办理登记，即可取得合法地位，至于是否应向当地税务机关办理税务（籍）登记，则没有强制规定。

再如，民间慈善机构可以免予办理结算申报。原则上，所有非营利组织及其附属作业组织都必须在每年 3 月底办理所得税结算申报，但台湾“财政部”的解释函令规定“宗教团体、各行业工会组织、同乡会、同学会等，无任何营业或作业组织收入，仅有会费、捐赠、基金存款的利息或不动产租金收入，可暂免办理结算申报”的简化申报措施。

除此之外，民间慈善机构的发票使用并未纳入统一的发票体系。民间慈善机构及其附属作业可以不使用统一发票或收据，同时，虽然对于捐赠方的原始凭证有专门规定，但对于受赠方应出具的发票，只规定“捐赠应取得受领机关团体的收据或证明”，没有制定统一的格式。

不仅如此，即使是慈善组织违反了有关税收法律，其违章处罚也比较宽容。虽然税法规定非营利组织未在规定期限内办理结算申报的应在规定期限内补办并缴纳滞纳金，与营利组织无异。但在具体执行中，“财政部”的解释函令有更为宽松的规定，例如公益机关团体未按规定期限办理结算申报，经税务征收机关通知限期补办，逾期仍未办理的，应由税务机关先辅导补办。

（三）政府对慈善组织的法律规范

从登记设立、税收倾斜到志工管理，台湾地区完善的慈善监管政策法律体系对于规范慈善机构的行为，推动慈善事业的发展起了重要作用。

台湾地区关于民间公益慈善机构的法规与大陆有所不同：台湾的“法律”是以“财团法人”和“社团法人”来区分民间公益慈善机构。所有的民间公益慈善机构，包括作为“财团法人”的基金会和福利服务机构，都可以公开向社会募捐，如果社会募集的资金占全部开支的50%以上，则为“公募”；如果社会募捐占50%以下，则为“私募”。但是，凡是成立时冠以“财团法人”，以“财产”为基础建立的民间公益慈善机构必须有创始基金，创始基金作为本金需存入银行，以其利息来供给机构的开支，本金永远不能动用。

关于民间公益慈善机构的税收优惠监管，台湾地区目前尚未制定

“财团法人法”，所以与税收优惠相关的条款散见于12部法律之中，如“教育文化公益慈善机构或团体免纳所得税使用标准”、“所得税法”、“遗产与赠予税法”、“平均地权条例”、“印花税法”、“加值型及非加值型营业税法”、“娱乐税法”、“房屋税条例”、“土地税减免条例”、“土地税法”、“使用牌照税法”、“关税法”，等等。适用的原则是公益性强则免税优惠待遇高，反之则低。

2001年，台湾地区颁布了“志愿服务法”，这是继西班牙之后全球颁布的第二部相关法律。围绕“志愿服务法”，台湾地区又制定了“志愿服务奖励办法”等9种相关子法，与母法配套形成了一个法律体系，大大地促进了台湾地区志愿工作的开展。

第四节　台湾地区慈善法律规范

与香港、澳门地区相比较，台湾地区的慈善法律规范更加完善。前面章节已就登记成立、减免税收等法律规范作了详细介绍。本节重点介绍台湾地区慈善组织进行慈善活动的主要法律依据——“公益劝募条例”。

一、有关慈善机构性质界定的法律规范

“公益劝募条例”中，将“公益”界定为“不特定多数人的利益”；将“非营利团体”界定为非以营利为目的，从事社会福利事业、教育文化事业、社会慈善事业、援外或国际人道救援以及其他经主管机关认定的公益事业，依法立案之民间团体。

二、有关劝募活动的法律规范

一直以来，台湾地区公益劝募活动的唯一依据是1943年公布、

1953年修正过一次的行政命令“统一捐募运动办法”。这一命令以防范捐款活动泛滥及杜绝敛财为目的，其将近70年前的法律条文对当今的台湾社会来说内容过于简单，没有强制力，在现代社会中已起不到防弊的功能，套用在当代公益活动中，往往反倒成为政府管理的障碍。在1999年9月21日，台湾发生7.6级大地震后，岛内各界纷纷慷慨解囊，捐款纾难。同时，开始有人质疑当局对于善款使用的公正性，希望建立完善的慈善捐助制度的声音日渐高涨。为了有效管理劝募行为，妥善运用社会资源，促进社会公益，保障捐款人的权益，台湾立法部门于2006年通过了台湾地区第一部规范劝募行为的法律，即“公益劝募条例”，并出台了“公益劝募条例施行细则”与“公益劝募许可办法”等相关细则及配套措施，对堵塞捐款管理与募集财务单位资格方面的漏洞，前瞻性地为解决相关问题奠定了良好的制度基础。

（一）劝募团体资格

劝募团体资格在“公益劝募条例”第5条进行了明确规定。目前可以发起劝募的有四类团体，即：公立学校、行政法人①、公益性社团法人和财团法人。个人不得作为劝募活动的主体。各级政府机关（构）得益于公益目的接受所属人员或外界主动捐赠，通常情况也不得作为劝募活动的主体，不得发起劝募。但遇重大灾害或国际救援时，不在此限。这一规定实施起来极其严格，办理公开征信时，应刊登于所属网站或发行之刊物；无网站及刊物者，应刊登于新闻纸或电子媒体。政府机关（构）及劝募团体依本条例第六条办理公开征信时，至少每六个月应刊登捐赠人之基本资料及办理情形，违反规定可以处以4～20万元新

① 根据台湾地区的“行政法人法草案”，“行政法人”是台湾当局及地方自治团体以外，由台湾当局目的事业主管机关为执行特定公共任务，依照法律设立的，具有人事及财务自主性的公法人。

台币罚款。

捐赠主体条款排除了政治性和宗教性的募捐，但政治性的由“人民团体法”和“政治献金法”来约束，监督宗教性慈善募捐的“法规”则还在空缺中。这一条例从其“立法精神”来看，就是要保障捐款人，并且规范公益劝募活动的执行和所得。因此，采取了从严限制劝募发起人资格的措施。

（二）劝募活动的申请

办理公益劝募活动应在活动开始前21日申请，因紧急救灾申请劝募许可的，不受21日的限制。具有行政许可权的机关是劝募活动所在地的直辖市、县（市）主管机关（社会局），如果劝募活动跨越直辖市或县（市）的，应当向“内政部社会司”提出申请。申请时，应当备齐申请书，劝募活动计划书、劝募活动所得财物使用计划书，法人应备法人登记证书及理事会或董事会决议同意发起劝募的会议记录以及其他主管机关规定的文件。劝募活动计划书中要求载明劝募活动名称及目的、劝募地区、方式及起止时间、预定劝募财务、劝募活动支出预算、公告及征信方式等。劝募活动所得财物使用计划书中应载明计划名称、计划目标、劝募活动所得财物使用目的、工作内容及服务对象、使用期限及其起止日期、经费概算表、预期效益等。

（三）劝募活动的期限

有关劝募执行年限规定，“公益劝募条例”规定劝募团体办理劝募活动期间，最长为一年。台湾地区“内政部”正在研议修正这一期限，目前倾向规定一般灾害善款执行以3年为限，必要时可延长2年；重大灾害则为5年，最多可再延长3年。

（四）劝募所得资金用途

捐款人在捐助款项时定然关心其所捐款项是否会被募捐组织妥善运用，关心是否存在假爱心、真敛财的现象发生，关心是否有相关规定严惩这些不法分子。因此，透过制度性规定严格规范所募款项的用途，并规定相应罚则是协助社会福利建设的应有之义。

“公益劝募条例”第 8 条规定，劝募团体办理劝募活动所得财物只能用于五种用途：社会福利事业；教育文化事业；社会慈善事业；援外或国际人道救援；其他经主管机关认定的事业。主管机关则应当将劝募活动、所得和使用情形在网上予以公告。

劝募团体募捐到的财物应当依照主管机关许可的财物计划使用，不得挪作他用。主管机关随时可以检查相关账册，劝募团体及其所属人员不得规避、妨碍或者拒绝。如有违反，主管机关可以制止还不听从者，处以新台币 4～20 万元罚款，并予以警告和责令限期改善。如果届期没有改善，就处以新台币 2～10 万元罚款，并且可以连续处罚。

（五）劝募活动信息公开

为确保劝募活动信息公开，“公益劝募条例”明确规定，劝募团体进行劝募活动时，必须出示许可文件和工作证，在媒体上宣传时则须载明许可文号；劝募团体应该在邮局或者金融机构开立捐款专用账户，并在活动开始后 7 日内报主管机关备查。该条例还规定，劝募活动计划执行完毕 30 日内，应将财物使用情况报给理事会或者董事会通过后进行公告并公开相关信息，连同成果报告、支出明细及相关证明文件，报主管部门报查，并在主管机关的网站上公告，主管机关则应该定期办理年度审核。劝募活动的成果报告要求的资料有：捐赠人捐赠资料（包括捐赠人姓名、捐赠日期、捐赠财物细表）、劝募活动所得与收支报告

（包括劝募活动名称、目的、期间、许可文号、所得及收支一览表等）以及公开征信资料。

结案报告应包括的资料有：劝募活动所得财物使用情形及理事会或者董事会决议通过的会议记录、成果报告、支出明细以及相关证明文件。

三、台湾地区慈善法律规管的最新发展动向

根据“公益劝募条例”，台湾岛内所有立案慈善团体基于公益目的募集财物，事前都必须拟具企划书，经主管机关核准后方能举行募款；公益团体募款前、募款截止时、捐款使用完毕后，都必须公开收支明细资讯。仅红十字会依1954年制定的“红十字会法”独立运作，只要理监事会同意、不须官方核准，就能发动募款。“台当局内政部”近日通过了台湾地区“红十字会法”修正草案，要求红十字会依“公益劝募条例”规定办理劝募活动。未来“台湾立法院”通过修法后，红会劝募将完全比照一般慈善团体，事前需经主管机关许可，劝募年限、款项使用方式以及征信机制，都须依照“公益劝募条例”规定，以符合公益团体公平对待原则。

结束语

纵观港澳台地区慈善事业的历史发展，我们可以强烈地感受到中西方慈善文化汇集与交融的痕迹：一方面，中华传统慈善文化中所透现的强烈的人本主义和人文关怀，对三地区慈善事业的发展产生了巨大而深远的影响；另一方面，港澳台地区由于历史原因，都不同程度地借鉴与吸收了西方慈善文化的有益成分，形成了极具特色的慈善氛围和慈善文化。

一、中华传统慈善文化对港澳台地区慈善事业的影响

我国传统慈善文化的核心应是我国几千年历史积淀下来的儒家思想以及儒、道、佛三家相互融合的思想聚合。儒家提出著名的“仁爱”说，正是这种“仁爱”理念哺育了中国古代慈善文化，促使了它的产生和发展。仁爱论的中心就是要求人们具有高尚的道德情操和精神素养，要求人们用仁爱之心处世行事，要求人们不能只关心自己，同时要更多地关心他人[①]。这就为人们的慈善行为提出了理论依据，道教一以贯之的主张是禁恶行善，善书虽以道教思想为主体，但已糅合了儒家的

① 《论语·颜渊》、《淮南子·修务训》、《史记·袁盎列传》等。

纲常伦理观念和佛教的善恶报应思想，以通俗易懂的形式使三纲五常大众化，很快在民间传播开来①。另外，佛教在传入我国以后，其慈悲观及劝善理论也不断渗透于儒教传统之中，使得以仁爱为核心的儒家慈善文化具有更厚实的内容。由此也反映出我国传统慈善文化既没有盲目排斥外来慈善文化，也没有全盘吸收而失去自我的既包容又独立的特征。

我国这种历史悠久的慈善文化传统，使得自古以来“慈善”就作为一种推己及人、助人为善的精神存在于人们的生活和实践中，对慈善事业的发展产生了持久而深远的历史影响。港澳台地区作为中华民族的一部分，同根同源，其慈善事业的产生与发展不可避免地受中华传统慈善文化的影响。比如，香港的东华三院、澳门的同善堂、台湾的慈济会，都是中华慈善传统文化中济世助人、互帮互助精神的体现。

二、西方慈善文化对港澳台地区慈善事业的影响

除了中华传统慈善文化，西方慈善文化的传入也为港澳台地区慈善事业的发展注入了新的活力。

西方慈善文化的思想渊源主要来自于基督教的“博爱”价值观。“博爱”有两个显著特点：一是它超越了人类与生俱来的同情心和血缘亲情等自然情感，把“博爱”建立在普遍的人文关怀和人道主义基础上；二是它排除了对道德回报的期待，使“博爱”的道德信念成为一种与生俱来的本能意义。这样，便使基督教文化始终洋溢着一种“为爱而爱”、“为道德而道德”、以博爱自身为价值目的的精神境界。

在西方慈善文化的影响下，港澳台地区不但产生了西方宗教慈善机构，而且这些地区的慈善文化都被赋予了新的内涵与特征。

① 《太上感应篇》、《文昌帝君阴骘文》等。

三、港澳台地区慈善事业的共同特点

正是由于这种中西方慈善文化的汇集与交融，中国传统慈善文化得以吸收西方国家慈善文化的思想和实践经验，极大地促进了港澳台地区慈善事业的发展，并形成了一些共同的特点：

（一）树立了教养并重的慈善救济理念

在中国传统慈善文化过去的实践中，慈善救济机构对收养人员往往采取单纯的收养办法，为他们提供食宿、医疗救济和施棺抬埋，而很少在对他们收养的同时，传授一些谋生的技艺，以使其能够自立自救。这种办法积久生弊，使被救济者产生了依赖心理，助长了他们的懒惰习气，有失救助者公平天下的本意，使社会慈善救济事业失之偏颇。而港澳台地区的慈善事业一改传统做法，从单纯的收养转变为教养兼施。例如，香港的保良局，在20世纪30年代末，就开始在传统意义上的救济福利之外，开始注重兴学育才，还为妇孺进行工艺训练，增强其生存能力。

（二）更新和扩大了慈善救助对象

中国传统意义上的慈善与救济受儒家传统“仁爱”伦理思想影响很深，在儒家的“仁爱”思想当中，一个人爱他人的顺序是以“我”为中心，按照亲疏关系远近而不断推进。这种思想使得传统慈善关爱具有“差序格局”，即“先亲后熟、推己及人”。而其内容也多限于育婴、养老、施棺、舍药，主要对象是社会上极端贫穷和处于弱势的人群，如鳏寡孤独贫民和废疾贫困之人。而港澳台地区的慈善事业，尤其是近代以后的慈善和救济事业明显受到了西方资本主义国家慈善救济机构的影响，将源于古代儒家民本思想的慈善理念与西方文艺复兴以来所倡导的人文主义融合，更新了近代慈善救济内容，扩大了慈善救济事业的救济对象，增加了慈善教育和慈善医疗的内容，使慈善事业具有了更大的社会意义。

（三）慈善发展中的政府定位非常准确

慈善事业原本是属于政府之外的“公民社会”的力量，但是由于慈善机构本身所处的领域与政府的“公领域”存在交集，政府在慈善事业中的定位和作用便成为影响慈善事业发展的重要因素。在本研究中，特意将港澳台“政府”与慈善机构的关系单列一章，其意义正在于此。从港澳台地区的经验来看，政府和民间机构之间的关系都是伙伴关系与合作关系——政府主要通过税收激励、资金扶持与政策倾斜等方面来促进和鼓励民间公益慈善机构的发展，并在慈善机构出现“失灵”或者发展中遇到问题时，采取行动予以改善与扶助；慈善组织借由社会公益的功能，不仅为社会提供公共服务，也以其自身的公信力整合民间力量，达到“资源重新分配”的目的。由此形成政府、社会、公民广泛参与的协力救助模式，建构和完善着多层次、多元化的慈善事业制度体系。

（四）慈善法治与慈善组织自我规制并重

港澳台慈善事业既融入了中国的传统文化，也融入了西方的法治文明；既具有东方式的互助共济特点，也具有西方式的自律自强特点。从港澳台慈善事业的发展来看，健全的法律体系是慈善组织健康发展的重要保障。虽然不是统一的慈善事业监管法，但是对于慈善机构的设立登记、项目运营、财务监管、义工参与等均有详尽的规定，使得慈善事业运行的每一步骤都“有法可依”。除了法律法规以及一些强制性行政监管行为之外，行政指导也是政府常用的行政手段，例如，香港社会福利署发布的一系列“最佳指引”。

而港澳台地区慈善组织在发展过程中十分重视自身的组织制度建设，这些制度使得组织能够长期处于良性发展的轨道。为了实现组织内部的严格管理，有的慈善组织特别设立专门的监管机构重点监督组织运行的核心环节。

（五）慈善合作逐步走向全球化

随着经济全球化及全球社会问题的凸显，以及受西方慈善文化中的“博爱”理念的影响，港澳台地区的慈善机构逐步超越了民族、肤色、文化和国家等界限，开始寻求更广泛的国际合作，越来越多地参与到世界其他国家和地区的慈善活动中。比如说，慈济功德会就积极地参与到海地地震的救援中，也曾参与印度洋海啸灾害的救助。

参考文献

一、专著类

1. 莫文秀、邹平、宋立英著：《中华慈善事业：思想、实践与演进》，人民出版社2010年版。

2. 徐麟著：《中国慈善事业发展研究》，中国社会出版社2005年版。

3. 杨团主编：《社会福利社会化：上海与香港社会福利体系比较》，华夏出版社2001年版。

4. 郑功成、张奇林、许飞琼著：《中华慈善事业》，广东经济出版社1999年版。

5. 陈锦堂著：《香港社会服务评估与审核》，北京大学出版社2008年版。

6. 刘祖云著：《弱势群体的社会支持：香港模式及其对内地的启示》，社会科学文献出版社2011年版。

7. 黄智雄著：《香港社会工作》，中国社会出版社2013年版。

8. 谭兵著：《香港、澳门、内地社会援助比较研究》，北京大学出版社2009年版。

9. 向运华著：《台港澳地区社会福利体系研究》，社会科学文献出版社2010年版。

10. 陈震宇著:《现代澳门社会治理模式研究》，社会科学文献出版社 2011 年版。

11. 霍志钊著:《澳门土生葡人的宗教信仰：从“单一”到多元融合的变迁》，社会科学文献出版社 2009 年版。

12. 黄雁鸿著:《同善堂与澳门华人社会》，商务印书馆 2012 年版。

13. 娄胜华、潘冠瑾、林媛著:《新秩序：澳门社会管理研究》，社会科学文献出版社 2009 年版。

14. 程美宝等著:《把世界带进中国：从澳门出发的中国近代史》，社会科学文献出版社 2013 年版。

15. 彭剑锋、朱宁宁著:《汇丰：全球金融常青树》，机械工业出版社 2010 年版。

16. 经典杂志编著:《台湾慈善 400 年》，经典杂志 2006 年版。

17. 孟令君主编:《中国慈善工作概论》，北京大学出版社 2008 年版，第 47 页。

18. 肖扬、严安林著:《台湾的基金会》，九州出版社 2009 年版。

19. 梁其资著：《施善与教化：明清的慈善组织——台湾学术丛书》，河北教育出版社 2001 年版。

20. 航鹰、李玉林著:《俗眼观佛门慈济的世界》，中国社会出版社 2008 年版。

21. 慈济人文著：《从竹筒岁月到国际非政府组织（慈济宗门大藏)》，福建美术出版社 2012 年版。

22. ［美］米歇尔·诺顿著：《全球筹款手册——NGO 及其社区组织资源动员指南》（第一版），中国人民大学出版社 2005 年版。

23. ［美］马修·比索普（Matthew Bishop）、迈克尔·格林（Michael Green）著，丁开杰、苟天来译：《慈善资本主义：富人在如何拯救世界》，社会科学文献出版社 2011 年版。

二、期刊类

1. 李旭琴：“‘海西’非营利组织建构与发展的路径选择——台湾非营利组织发展的经验借鉴”，载于《中国特色社会主义行政管理体制”研讨会暨中国行政管理学会第20届年会论文集》，2010年。

2. 何海兵：“我国台湾地区非营利组织的概况及发展特色”，载于《理论界》2006年第1期。

3. 陶飞亚、陈铃：《合作的慈善：香港地区政府与宗教慈善公益组织的关系及启示》，载于《东岳论丛》2012年第1期。

4. 郭观：《大音希声，大象无形——小议香港的义工文化》，载于《世界知识》2010年第11期。

5. 李永清：《香港红十字会公信力长盛不衰的原因》，载于《中央社会主义学院学报》2013年第3期。

6. 甘满堂：《台湾宗教团体公益慈善事业概况及其对两岸宗教交流的影响》，载于《宗教与世界》2010年第6期。

7. 朱希峰：《遍地是志工——台湾社会福利服务中的志愿服务》，载于《社会福利》2007年第2期。

8. 陈萍、梁新潮：《福建非营利组织的构建与发展——台湾非营利组织经验借鉴》，载于《福建行政学院福建经济管理干部学院学报》2007年第3期。

9. 王茹：《台湾的非营利组织与公民社会建构》，载于《台湾研究集刊》2004年第4期。

10. 李菲、伍湘陵：《海峡两岸慈善文化变迁路径及其发展差异研究》，载于《台湾研究》2012年第10期。

11. 沈琳：《两岸三地慈善捐赠的税收政策之比较》，载于《财会研究》2010年第9期。

12. 王尊旺：《清代台湾社会慈善事业初探》，载于《福建师范大学学报（哲学社会科学版）》2001 年第 4 期。

13. 吕蓉蓉、陈沙麦：《台湾义工慈善组织发展的思考与借鉴》，载于《中共福建省委党校学报》2009 年第 8 期。

14. 郭天江、王佳：《台湾佛教对社会慈善的积极作用——以佛光山和慈济为重点》，载于《黑龙江民族丛刊》2012 年第 6 期。

15. 游子安：《近代澳门地区的慈善事业与教化——以同善堂等为例》，载于《近代中国社会与民间文化——首届中国近代社会史国际学术研讨会论文集》，2005 年 8 月。

16. 黄雁鸿：《清末民初澳门华人慈善组织的成立理念与组织模式研究》，载于《中国文化研究》2010 年第 10 期。

17. 莫岳云：《香港澳门政府对宗教公益慈善事业的管理》，载于《华南理工大学学报（社会科学版）》，2011 年 8 月。

18. 周秋光、曾桂林：《近代港澳台地区的慈善事业论述》，载于《福建师范大学学报（哲学社会科学版）》，2008 年 11 月。

19. 李声宇、崔玉开：《香港慈善组织的发展与启示》，载于《广东行政学院学报》2005 年第 5 期。

三、博士学位论文

1. 张培新：《台湾宗教性非营利组织运作的社会资本考察——以慈济功德会为例》，国立台湾师范大学公民教育与活动领导学研究所 2004 年博士毕业论文。

2. 林广志：《晚清澳门华商与华人社会研究》，暨南大学 2005 年博士毕业论文。

3. 李芳：《慈善性公益法人研究》，山东大学 2008 年博士毕业论文。

4. 蔡勤禹：《近代中国民间组织》，华东师范大学 2003 年博士毕业论文。

5. 黄鸿山：《中国近代慈善事业研究》，苏州大学2007年博士毕业论文。

四、机构官网

1. 香港保良局官方网站：http：//www. poleungkuk. org. hk/。

2. 香港社会服务联会官方网站：http：//2011. hkcss. org. hk/。

3. 香港红十字会官方网站：http：//www. redcross. org. hk/。

4. 东华三院网站：http：//www. tungwah. org. hk/。

5. 香港明施慎选官方网站：http：//www. idonate. com. hk。

6. 社联—汇丰社会企业商务中心网站：http：//sebc. org. hk/。

7. 香港基督教女青会官方网站：www. ywca. org. hk/。

8. 香港社会工作者注册局网站：http：//www. swrb. org. hk/。

9. 香港卫生署网站：http：//www. swd. gov. hk。

10. 可持续发展基金官方网站：http：//www. susdev. gov. hk/。

11. 社区投资共享基金官方网站：http：//www. ciif. gov. hk/。

12. 专业服务发展资助计划官方网站：http：//www. psdas. gov. hk/。

13. 创新及科技基金官方网站：http：//www. itf. gov. hk。

14. 香港税务局网站：http：//www. ird. gov. hk/。

15. 特区廉政公署网站：http：//www. icac. org. hk/。

16. 香港法律改革委员会官方网站：http：//www. hkreform. gov. hk/。

17. 澳门社会工作局网站：www. ias. gov. mo/。

18. 澳门特别行政区审计署网站：http：//www. ca. gov. mo/cn/。

19. 财团法人白晓燕文教基金会网站：http：//swallow. jthotel. com. tw/。

20. 财团法人花莲高商教育基金会官网：http：//www. hlbh. hlc. edu. tw/。

21. 财团法人彰化私立广成社会福利慈善事业基金会官网：http://

www. kuangcheng. org. tw/。

22. 财团法人慈怀社会福利慈善工作基金会官网：http：//www. tzhu. org/。

23. 财团法人庆美社会福利慈善事业基金会官网：http：//www. cmorg. org. tw/。

24. 天主教光仁社会福利基金会官网：http：//www. kjswf. org. tw/。

25. 慈济慈善事业基金会官网：http：//www. tzuchi. org. cn/。

26. 台湾公益组织教育基金会官网：http：//www. ftope. org. tw/。

27. 慈济全球资讯网：http：//www. tzuchi. org. tw/。

28. 天主教圣母圣心修女会官网：http：//www. smgsh. tc. edu. tw/。

29. 佛光山慈悲社会福利基金会官网：http：//www. compassion. org. tw/。

30. 台湾中华社会福利联合劝募协会网站：www. unitedway. org. tw。

31. 慈济慈善事业基金会官网：http：//www. tzuchi. org. cn/。

图书在版编目（CIP）数据

港澳台地区慈善事业概览/闫晶著. —北京：中国社会出版社，2014.5
（慈善事业发展丛书）

ISBN 978-7-5087-4703-3

Ⅰ.①港… Ⅱ.①闫… Ⅲ.①慈善事业—概况—香港②慈善事业—概况—澳门③慈善事业—概况—台湾 Ⅳ.D632.1

中国版本图书馆 CIP 数据核字（2014）第 069008 号

书　　名：港澳台地区慈善事业概览
著　　者：闫　晶
责任编辑：王秀梅　杨　晖

出版发行：中国社会出版社　　**邮政编码**：100032
通联方法：北京市西城区二龙路甲 33 号
电话：编辑部：（010）58124826　　（010）58124839
销售部：（010）58124845　传真：（010）58124856
邮购部：（010）58124848
网　　址：www.shcbs.com.cn
经　　销：各地新华书店

印刷装订：中国电影出版社印刷厂
开　　本：170mm×240mm　1/16
印　　张：10.5
字　　数：130 千字
版　　次：2014 年 9 月第 1 版
印　　次：2014 年 9 月第 1 次印刷
定　　价：28.00 元